质性研究方法锦囊丛书

丛书主编　陈向明

如何做民族志研究

陈学金　著

教育科学出版社
·北 京·

　　马林诺夫斯基和特罗布里恩德（Trobriand）岛民在一起。1915—1918年，马林诺夫斯基在特罗布里恩德群岛从事田野工作。马林诺夫斯基作为现代人类学研究奠基人，将"田野工作者"与"理论工作者"的身份合二为一，其作品《西太平洋的航海者》被视为民族志研究的典范（图片引自 https：//archives. lse. ac. uk/）。

马林诺夫斯基在特罗布里恩德人中间观察儿童做游戏（图片引自 https·//archives.lse.ac.uk/）。

　　埃文思–普里查德在努尔人田野中使用过的帆布帐篷。在大帐篷右后方有一间小帐篷，前面还站着两个人，他们是人类学家的工作助手（图片及介绍引自 http://southernsudan. prm. ox. ac. uk/）。作为实证主义民族志的代表，埃文思–普里查德经常在帐篷外观察当地人的生活，他在一定程度上是"贵目贱耳"的，即他更相信自己看到了什么，而不是听到了什么。一些民族志取材偏重于视觉观察材料，一些民族志取材偏重于听觉访谈材料。

埃文思–普里查德与他的两位赞德人工作助手的合影

（图片及介绍引自 http：//southernsudan. prm. ox. ac. uk／）。

　　埃文思–普里查德坐在中间的椅子上，一群赞德男孩在他身后排成一排敬礼，他们肩上扛着模仿步枪的棍子（图片及介绍引自 http：//southernsudan. prm. ox. ac. uk/）。透过这幅照片，我们可以反思殖民主义时代西方民族志研究者与研究对象的关系问题。事实上，研究者与研究对象的关系一直是民族志研究的焦点问题之一。

　　玛格丽特·米德与两位萨摩亚女孩站在一起的合影。米德于
1925—1926 年在南太平洋美属萨摩亚马努阿群岛中的塔乌岛
（Ta'u island）的西海岸的三个村庄做了大约 9 个月的田野工作，
后来出版了著名的《萨摩亚人的成年》（Coming of Age in Samoa，
1928）（图片引自 Library of Congress）。

　　1929 年，米德拄着拐杖，在马努斯的佩雷村 （Pere Village，
Manus） 与孩子们在一起。当时米德从事有关儿童教育与心理发
展方面的研究。勒奥·福琼 （Reo Fortune） 拍摄 （图片引自
Library of Congress）。

　　1935年，费孝通（左一）和瑶民在一起，王同惠拍摄。费孝通与王同惠的广西大瑶山民族调查采取一种两性分工合作的田野工作模式，他们共同撰写了《桂行通讯》和《花蓝瑶社会组织》。前者是一份非常出色的田野民族志，后者是一部民族志研究专著。此外，费孝通的《江村经济》是一部农村社区研究的经典作品。

　　1943 年，林耀华（右一）率领的燕大边区考察团在赴大凉山调查的途中（图片引自林耀华著《凉山彝家的巨变》，商务印书馆 1995 年版）。林耀华的另一部重要著作《金翼》是一部小说体的民族志。

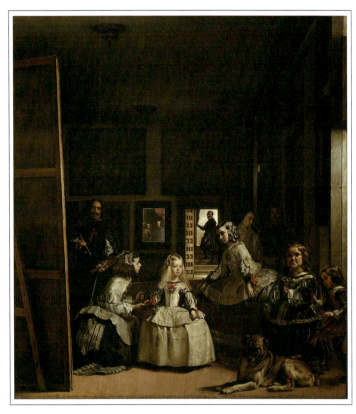

委拉斯开兹（Diego Velázquez）1656 年的油画名作《宫中侍女》（Las Meninas）。用《宫中侍女》来隐喻田野工作中的复杂关系、民族志成果以及民族志可能引发的结果，可能富于启发意义。民族志研究者在田野和写作中要关注和处理好多种关系（具体参见第四章）。

质性研究的多样路径

（代序）

  质性研究方法自20世纪90年代中期被系统地引入我国，30多年来，有越来越多的研究者使用质性研究方法开展研究，积累了一大批优秀研究实例，推动了研究方法论的创新。特别是在教育研究领域，随着基础教育课程改革的深入，教育科学研究进入繁荣发展阶段，质性研究由于具备与实践的天然亲和性，强调深入具体情境、重视研究关系、探寻意义解释，因此被广泛地讨论、学习与实践，有效地推动了本土化教育理论的建构，被公认为一种成熟的研究范式，成为大部分高等院校本科生、研究生的必修课程，在很多地区也被纳入教师专业发展的培训计划之中。

  质性研究是以研究者本人作为研究工具，在自然情境下采用多种资料收集方法，对研究现象进行深入的整体性探究，从原始资料中形成结论和理论，通过与研究对象互动，对其行为和意义建构获得解释性理解的一种活动。由于研究者学术立场和理论旨趣的差异，质性研究方法在发展过程中形成了不同的研究路径。其中最主要的路径包括民族志、现象学、扎根理论、叙事研究、话语分析、案例研究、行动研究①等。这些研究路径反映了质性研究复杂的思想根源、丰富的理论基础，折射出质性研究者所持有的多样化的世界观、文化观与认识论。不同研究路径之间既显著区别又紧密联系，形成了各具特色的发展脉络，其间的张力扩展了研究方法应用的想象空间，构成了质性研究方法体系。

　　质性研究的入门者通过学习相关的理论知识，通常能够对方法路径形成笼统的认识，但由于缺乏实际的研究经验，尚难以确定哪种路径最适合探究自己的研究问题，也不知道如何着手做此类研究。我曾于2000年出版了《质的研究方法与社会科学研究》一书，系统评介质性研究方法的基本理论、实施过程和发展趋势等，也深入地阐述了自己的质性研究方法论观点。该书出版后，成为国内有代表性的教育研究方法教材，在社会科学总论类著作中引用率名列前茅。但是，有些读者，特别是教育一线工作者，反映这本书规模庞大、内容繁杂，难以自学消化。将其作为高校教材使用时，学习者

---

　　①　行动研究可以使用任何方法，包括各种量化研究方法。但是，实际上行动研究者大多采用质性研究方法，因此本丛书将其作为一种质性研究的方法路径，用一个分册进行专门介绍。

往往不能在一个学期内学完、学透，更来不及使用所学的方法做一项规范的质性研究。

因此，针对读者在教学和学习中的实际需求，我向教育科学出版社提议，策划出版一套主题聚焦、简明易读、轻巧实用的质性研究方法手册，丛书每一分册聚焦于质性研究的一种方法路径，由熟练使用该研究路径、具有丰富研究和教学经验的国内学者负责撰写，以比较短小的篇幅，介绍各研究路径最核心的理论问题和具体的实施过程，既使入门者能够快速上手，又提供"登堂入室"的学习指南。这就是读者手上这套"质性研究方法锦囊丛书"的由来。

本丛书全面介绍各个研究路径的重要概念、基本特征、历史发展、理论基础、适用对象及范围、资料的收集与分析、研究结果的呈现等，既包含每种研究路径的基本理论和发展脉络，又包括具体的实施和操作方法，并提供真实的研究案例和拓展学习资料，使读者既知其然又知其所以然，可以快速理解和掌握。本丛书既可供读者自学使用，也可作为高校研究方法课的教材或教参。读者既可以通读整套丛书，然后选择适合自己研究问题的方法路径，继续深入学习；也可以有针对性地挑选其中一两个分册，一边阅读一边动手操作，循序渐进地完成一项比较规范的质性研究。

本丛书的作者都是教育研究领域的专家学者，但他们的创作面向的是更广泛的社会科学领域。他们花了大量的时间和精力，颇费苦心地反复讨论和打磨书稿，在力所能及的范围内，用教育学界的经验和成果去反哺社会科学研究。我要感谢每一位作者为质性研究方法的教学和研究做出这一重要的贡献，也感谢教育科学出版社学术著作编辑部对于质性研究方法著作出版始终如一的支持！

陈向明

目录
Contents

导 言

这本著作试图阐明什么是民族志研究，以及如何做民族志研究。它并非一本教科书，它只试图梳理和提出民族志研究中的一些基本问题，但并不试图完全解答这些问题。一般而言，民族志研究要对某一特定人群的经济、政治、社会、文化等方面做出全面细致的描述。民族志作为现代人类学的主要研究方法，对于深入理解特定人群和地方具有不可替代的价值。虽然民族志研究被认为是质性研究诸多取向中的一种，但是，毫无疑问，正是人类学的民族志在很大程度上孕育并推动了质性研究方法的持续发展。

民族志研究是一个包含长时间参与观察、亲身体验、搜集资料、撰写田野笔记、构思研究问题、写作民族志、构建理论的综合过程，而且这些环节是紧密关联、相互激发的。研究者进入田野现场之后，就要同时关注搜集资料、构思研究问题、记录田野笔记、让经验材料与既有理论对话、尝试提炼学术概念、进行理论阐释等一系列问题。换言之，民族志研究自始至终都要同时考虑和处理上述这些问题。

　　按照显在的工作侧重点，民族志研究可以粗略地分为田野工作、写作民族志和构建理论三部分。从既有文献和相关学术演讲来看，偏重于田野工作过程和策略的论述较多，而偏重于提出研究问题、写作民族志、构建理论的论说则相对不足。不仅如此，既有相关论述和民族志教学实践还存在两种"脱离"倾向：一是田野工作过程与写作民族志相脱离；二是写作民族志与进行理论阐释相脱离。一些论者仅将民族志研究视作一种方法和技术，忽略了人类学学科发展对民族志的影响，也忽视了民族志研究一些本体论层面的议题。与此同时，一些人类学精英对于民族志写作和理论构建却经常三缄其口，讳莫如深。我的学术成长经历让我意识到，这种学术实践不利于民族志研究向精致化方向发展，也不利于民族志初学者的入门和进步。

　　从人类学学科背景而言，民族志研究绝非一种方法与技术的简单组合，而是包含着丰富的研究传统与理论视野。职是之故，在这部著作中，我将方法与策略层面的问题与人类学的学科史、本体论、认识论、价值论等问题结合在一起叙述。我相对淡化了对研究方法或技术的一般介绍，而有意识地梳理民族志认识论和方法论的演进过程以及其背后的一些根本问题，并选择一些具体案例作为说明。这种安排主要基于如下考虑：既有质性研究方法论著作多强调对方法的分门别类式介绍，而很多田野工作经验表明，研究者在田野中选择行动策略时，往往并非回忆教科书中的条框分类，而是在记忆中寻找一种与研究问题、现实场景相类似的经典案例作为原型参照，与之比较后做出决策。

　　基于上述学术考量，我秉持"人类学理论与民族志认识论相结合""田野工作、写作民族志和理论阐释相结合""基本问题、原则与具体案例相结合"的原则，将全书划分为五章。第一章"民族志概览"主要介绍民族志的内涵、发展阶段、阶段性特征和民族志研究的价值；第二章重点叙述民族志研究的认识论和方法论特征；第三章介绍在田野工作中搜集研究资料的主要方法；第四章探讨在田野工作中和凝练研究问题中可能遇到的一些问题及相应的破解策略；第五章重点探讨民族志的写作或文本构建，写作民族志的过程同时也是构建理论阐释的过程。

　　需要说明的是，本书的主要观念、观点和立论基础主要来源于社会文化人类学的理论传统和人类学家的民族志作品。民族志研究的发展与社会文化人类学的学术发展是分不开的，而现代人类学的发展与 19 世纪以来的世界体系紧密相关。而且，不同国家的人类学具有不同的社会历史条件、理论传统和国别特征，具有不同理论传统的人类学又相互影响、相互吸收。不同时期、不同国别的民族志作品反映出来的不仅是民族志研究者的学术旨趣、价值关怀，也反映了一定时期之内一个国家内部或国家之间的结构关系。可以说，民族志研究的本体论、认识论、方法论、价值论的发展反映了最近一百多年来人类学与民族国家、世界体系的关联与变化。在社会科学研究中，人类学的民族志研究是最具有整体视野，最为看重他者的精神世界，最具有反思性和批判性的。如果说人类学背景的民族志与其他学科背景的民族志存在某些差别的话，那么毫无疑问，这种差别主要来自其是否具有人类学的学术背景及相关的理论积淀。

作为一本民族志研究入门指南，本书可供人类学、社会学、教育学、管理学、政治学、新闻学、民俗学等社会学科的本科生和研究生阅读与参考。对于未有人类学知识背景的读者而言，初读本书可能会遇到一定困难，建议同时阅读若干学科领域内的经典民族志作品和人类学概论性质著作作为补充。对于人类学学科背景的读者而言，可以根据自己的理论储备和田野经验对本书的观点做出批判性吸收与反思。由于不同章节的内容相对独立，因此读者既可以按照章节顺序阅读，也可以根据兴趣调整阅读顺序。

笔者虽然愚钝，但自进入人类学行当以来，一直勤奋、严谨地读书与治学。对于这项田野工作和民族志方法论研究，笔者力虽不逮，仍然竭力而为之。个中之优劣，亦请读者评鉴且海涵！衷心期望这本小书能够成为引玉之砖，让初学者真正热爱上民族志研究，引发更多学者加入民族志学问的讨论！

第一章

民族志概览

在人类学中，民族志研究（ethnographic research）是指研究者长时间地参与到某个特定人群的日常生活中，去观察、体验、访谈，获取第一手资料，并对这一人群的社会与文化进行整体的描述和阐释。在不同的语境中，"民族志"一词主要有三种不同的含义（巴战龙，2008）：其一是指人类学家在田野工作之后所形成的研究成果，通常它以某种文本形式存在；其二是指研究者搜集资料和写作文本的过程，它是"人类学基础研究的过程之整体"（王铭铭，2011：376）；其三是指包含着与田野工作及特定的社会文化现象相关的本体论、知识论、方法论和价值论在内的一整套的思想体系、操作程序、方法和技术的总和，可以称之为民族志学或民族志科学。在人类学的学术传统中，民族志属于人类学的初级层次。不过，公开发表的民族志，特别是学术论文，会对经验材料做出系统的理论阐释或建构。

早期的民族志文本可以追溯到旅行者、探险家、传教士、殖民者对于异质性族群社会文化生活的记述。不过，大多数早期的民族志文本并非作者在亲眼所见、亲耳所闻之后写下的记录，相反，其中充满了传闻、轶事、想象与成见。20 世纪之前，被称为"摇椅上的人类学家"的一批学者，通常借用探险家、传教士、商人、殖民者关于异域族群的自然、社会和文化记述，形成相关理论。爱德华·伯内特·泰勒（Edward Burnett Tylor）和詹姆斯·乔治·弗雷泽（James George Frazer）等第一代人类学家就是这样。路易斯·亨利·摩尔根（Lewis Henry Morgan）做得出色一些，他从 1846 年开始对美洲土著易洛魁人的社会结构展开实地调查（黄淑娉，1982）。可以说，19 世纪中期到 20 世纪初，"人类学的资料收集工作和理论研究工作是彼此分离的"（胡鸿保 等，2010：38）。在那时，进化论和传播论学者搜集文化"遗存"和整理相关资料，运用分类、统计、比较等方法，对人类历史上出现的人工制品、文化制度、宗教信仰、亲属制度等进行研究，试图构拟出人类文化产生与演化的一般序列与发展过程。这些人类学者都具有宏伟的学术抱负，但是他们尚未将田野工作视为核心工作。

美国的人类学考察开始于弗朗兹·博厄斯（Franz Boas）1883 年的巴芬兰（Baffinland）之行，这次为期一年的考察使博厄斯与因纽特人有了亲密接触（卡尔迪纳 等，1991：191-192）。在英国，阿尔弗雷德·科特·哈登（Alfred Cort Haddon）和威廉·哈尔斯·里弗斯（William Halse Rivers）为民族志调查方法的发展做出了重要贡献。哈登在参加 1888 年的托雷斯海峡（Torres Strait）科学考察之后开始思考人类学问题。在 1898 年至

1899 年间，哈登领导一群学者对托雷斯海峡地区进行第二次科学考察，从事多学科的研究工作。托雷斯海峡科考之后，里弗斯和查尔斯·塞利格曼（Charles Seligman）成为英国人类学的领军人物（埃文思-普里查德，2010：52；马力罗，2018：40-44；史铎金，2019：1-66）。但是，早期的人类学考察还存在很多缺陷，最重要的是这些人类学家不能长时间深入非西方族群中去经历体验，也不能熟练掌握当地人的语言。

人类学田野工作的突出特征在于将研究者的职业领域与职业外的领域强行地合二为一，"人类学家必须在他的报导人中找到朋友，在朋友中找到报导人；他必须将观念、态度、价值观视同诸般文化事实，又继续按照规定了他本人的信诺的那些观念、态度、价值进行活动；他必须把社会看成一个客体，却把它体验成一个主体"（格尔茨，2013：34）。如果按照这种对田野工作的理解，早期人类学家对异文化社会的考察就显得十分粗糙了。从1850 年前后的摩尔根到 20 世纪 20 年代的布罗尼斯拉夫·马林诺夫斯基（Bronislaw Malinowski，又译马凌诺斯基、马林诺斯基），经过约 70 年的时间，现代民族志的传统才得以建立（王铭铭，2015）。在哈登、里弗斯、马林诺夫斯基、阿尔弗雷德·拉德克利夫-布朗（Alfred Radcliffe-Brown，又译拉得克利夫-布朗）、玛格丽特·米德（Margaret Mead）等人类学家的努力下，"摇椅上的人类学家"逐步被田野工作者取代，长时间从事田野工作并撰写民族志成为人类学的学术规范，并被逐步制度化。也正是由于民族志的田野工作，人类学的研究主题从文化演化和传播的历史猜测，转移到现时代人们的生活方式与社会结构中来。

自 20 世纪至今，隐藏其后并引导民族志写作的本体论、知识论和价值论几经更迭。伴随着社会文化人类学的创生与发展，民族志及其田野工作经历了从不被重视到成为学科规范并逐步精致化的发展过程，民族志方法论的发展先后受到实证主义、阐释主义、批判主义三大哲学传统的影响。实证主义取向的人类学家追求规律、通则、共性，更倾向于将研究对象视为外在的"客体"，因此更关注有形的、可见的"社会"，使得社会文化人类学更偏向于一门社会科学。阐释主义取向的人类学家探求行动者的体验、理解和意义，更倾向于将研究对象视为与自己同在的"主体"，因此更关注作为意识、观念的"文化"，使得社会文化人类学更偏向于一门人文学科。批判主义哲学观念的引入为人类学带来了"破坏"和"构建"的双重力量，促使人类学学科不断自我反思和重新定位。在此，我们可以粗略勾勒一下 20 世纪至今的民族志发展历程：在相当长的时间之内，民族志研究以实证主义为引导，在 20 世纪 60 年代之后，指导思想逐步滑向阐释主义。从 20 世纪 70 年代开始，受各种批判主义哲学观念的影响，建构主义思想逐步流行开来。20 世纪 90 年代之后，人类学带着一种更具批判和反思性的审慎态度，重新关注现实世界的重要议题。

一、实证主义的民族志

实证主义起源于激进的自由主义，其兴起的背景是反对权威和政治上专制主义的现代意识（德兰逊，2005：37）。实证主义者将自然科学视为所有科学的典范，认为社会科学应该按照自然科学的研究方法研究社会。他们认为，任何社会现象都可以还原为某种原子单元，能够被研究者客观、公正地观察和分析，科学研究是独立于社会和道德价值的中立活动。实证主义寻求的是一种工具性的知识——一种具有解释力和预测能力的因果关系。实证主义和经验社会科学的兴起同时反映了现代国家对工具性知识的需求（德兰逊，2005：4）。

人类学的功能主义理论是继进化论和传播论之后又一重要的理论流派。在一定意义上，功能主义理论的兴起正是人类学田野工作的直接产物。在实证主义观念的指导下，人类学家在对岛屿或部落社会的整体考察中才发觉社会文化的各个方面的结构关联。同时，也正是由于功能主义学派的兴起，才最终确立了田野工作与民族志作为人类学方法论的独特地位。不管人类学理论走向何方，田野研究已经成为人类学建立其理论话语的实践基础（费边，2018：27）。

1922 年，英国人类学家马林诺夫斯基与拉德克利夫-布朗分别发表了实地调查的专著《西太平洋的航海者》和《安达曼岛人》。马林诺夫斯基被认为是新的田野工作技术和功能分析的开拓者，拉德克利夫-布朗被认为是结构主义学派的理论家。总体而言，当时的英国功能主义理论可以分为两支：一支是以马林诺夫斯基及其得意门生雷蒙德·弗思（Raymond Firth）为代表的功能论一派；另外一支是以拉德克利夫-布朗、爱德华·埃文思-普里查德（Edward Evans-Pritchard）、迈耶·福蒂斯（Meyer Fortes）为代表的结构论一派（赵旭东，2009：79）。

马林诺夫斯基将民族志从对习俗项目的博物馆式的研究转变为对行动系统的社会学研究（Leach，1957：119）。在《西太平洋的航海者》一书中，马林诺夫斯基细致描述了库拉的规则、各个路线与分支、与库拉相关的各种神话、人们的信仰及其实践，但是对于理论建构他却表现出极大的谨慎。虽然马林诺夫斯基指出，民族志研究作为一种科学研究"与猎奇不同"，"科学要把事实加以分析、归类，以便把事实置于一个有机的整体内，整合进一个可以把现实的方方面面条理化的系统"（马凌诺斯基，2002：441），但是他又坦承自己不会对各种经验材料妄加思辨或做无根据的假设。在另一部著作中，马林诺夫斯基又指出，思想的反馈和概述是从细节的描述中彰显出来的，"我的理论不是推测和假设的重构，而只是想表述问题，并给予明确的概念和清晰的定义"（马林诺夫斯基，2007：前言2）。

《西太平洋的航海者》具有实证主义和浪漫主义的特点。在马林诺夫斯基的人类学中，心理学占有中心的位置，这可以从其早期作品中看出来。伊万·斯特伦斯基（Ivan Strenski）认为，马林诺夫斯基的人类学方法论在一定程度上与德国哲学家威廉·狄尔泰（Wilhelm Dilthey）的方法论存在相似之处。狄尔泰的哲学人类学以生理学调和的心理学（a biologically attuned psychology）为基础，在方法论上具有个人主义的特色，非常注重个人的经历和生命体验。（Strenski，1982）马林诺夫斯基不认同埃米尔·涂尔干（Émile Durkheim，又译埃米尔·迪尔凯姆）将社会视为一个超有机体的观念，而认为社会是由其每个成员的精神生活凝聚在一起的。马林诺夫斯基一直在努力构建其"科学的文化理论"，他所建立的人类学理论是个人需要基础之上的功能主义理论。他认为，人类是一个生物物种，他们受基本自然条件的制约，在人的基本需求得到满足的过程中，又创造了一个新的、衍生的人工环境，即"文化"，它是满足人的基本需要的方式，在满足了基本需要的同时，又产生了衍生的需要，即所谓的"文化驱力"（cultural imperatives），正是它直接导致了各种"制度"的产生。他还认为，除非是新的需要被创造出来，否则任何发明、任何革命，以及任何社会或知识的变迁都不会发生。（马林诺斯基，1999：52-56）

马林诺夫斯基写道："研究土著人最令我感兴趣的，是他对事物的看法、他的世界观、他所呼吸的生命气息和他生活在其中的现实。每一个文化都给它的成员某种确定的世界观、某种确定的对生命的热情。漫步人类历史、游历世界各地，最令我入迷的是能从不同的、为某文化所独有的角度体谅生命和世界，并由此激励我深入探究其他文化，理解其他类型的生活。"（马凌诺斯基，2002：446-447）在埃德蒙·利奇（Edmund Leach）看来，马林诺夫斯基对"抽象的理论"抱有一种偏见，这种偏见使他的想象力牢牢束缚在现实中。对于马林诺夫斯基来说，"作为一个整体的特罗布里恩德文化"并不存在，它不是特罗布里恩德岛民可以报道的事情，而只能被民族志学者发现和建构。（Leach，1957：120，134）在第一次世界大战之前，理论和民族志（理论家和民族志学者）是一种主人和奴仆的关系，马林诺夫斯基的革命改变了社会人类学中理论与民族志之间的关系。从功能主义的前提出发，只有民族志学者才能成为他所研究社会的理论家（Kuper，1983：193-194）。事实上，第一代民族志学者非常善于将民族志材料与理论上的阐释融合为一体，民族志书写与架构的过程就是民族志学者理论阐释的过程。

与马林诺夫斯基关注"文化"的概念不同，拉德克利夫-布朗更为强调"社会结构"和"社会体系"等概念。他曾两次赴法学习涂尔干学派的理论和方法，因此他的人类学理论具有法国整体主义社会学的特点。在拉德克利夫-布朗看来，社会现象不同于生理学、心理学的现象，而自成为一个独立的系统，社会人类学应该使用自然科学中的归纳方法来寻求社会结构的通则。他还认为，人类学的观察不能与理论假设相分离，只有当它们紧密结合在一起的时候，社会人类学才能取得进步。他将没有理论假设的调查称为"社会调查"，这种调查只是"某一人群社会生活的闻见的搜集"；有理论假设的调查则被他称为"社会学调查"，社会学调查在观察、假设、再观察和验证假设的循环中得到理论（拉得克利夫-布朗 等，1936）。拉德克利夫-布朗认为，田野工作包括观察和解释两个方面的技术，田野工作能够将观察与假设、验证融合在一起。拉德克利夫-布朗曾在芝加哥大学任教，见证过美国社会学家的社区研究，也将他的社会人类学思想介绍给美国人类学界。

人类学家埃文思-普里查德虽然在最初跟随塞利格曼和马林诺夫斯基学习人类学，但是由于受拉德克利夫-布朗的影响，所以成为结构-功能主义的代表人物。埃文思-普里查德曾经把社会人类学家的工作分为三个阶段。第一阶段，要成为一名民族学家，到异域族群中去生活，学习当地人的语言和生活方式，用当地人的概念和价值观念去思考和体验；第二阶段，通过民族志研究，发现这一社会的结构秩序；第三阶段，将这个社会的结构模式与其他社会的模式做比较，确定它们之间的异同，并进行分析。从这三个阶段，我们可以看出埃文思-普里查德受拉德克利夫-布朗影响之深。在埃文思-普里查德眼里，马林诺夫斯基是一个"更彻底的田野工作者"，而拉德克利夫-布朗是一个"更有才干的思想家"（埃文思-普里查德，2010：44，53）。

虽然很多人将埃文思-普里查德看作结构-功能主义的杰出代表，但实际上，他还是人类学转向人文主义的一个关键人物（巴纳德，2006：170-175）。在1950年的一系列演讲中，埃文思-普里查德批判了将人类学视为自然科学的观点，并主张将人类学视为历史学，并最终属于哲学和艺术。他认为，人类学探求的是模式而不是科学的法则，是解释（interprets）而不是解答（explains）（埃文思－普里查德，2010：109）。从这一点上我们看出，埃文思－普里查德从马林诺夫斯基走近拉德克利夫－布朗，而最终又背叛了拉德克利夫－布朗自然科学取向的人类学，这也在一定程度上为格尔茨学派的兴起做好了铺垫。

功能主义民族志学者将自我视为一个绝对客观公正的观察者和记录者，他们认为，如实记录当地人的文化风貌是他们最重要的文化使命。为了达到这种效果，在民族志文本的写作中，第一人称"我"很少出现在正式的文本中，以此证明民族志的真实与客观。20 世纪 20 年代开始的功能主义的民族志创作，被逐步视为一种"样板"，借助于功能主义的理论，无论是满足于个人的需要，还是社会集体的需要，一个族群、部落或社区的各种文化事项被有机地整合在一起。这种传统已成为民族志学者书写"人群与地方"（peoples and places）不可缺少的"参照系"，一直影响着民族志创作的理念和写作手法。也正是功能主义理论的诞生使得"整体观"（holistic view）深入人心，成为人类学方法论中的一个重要原则。但是，功能主义民族志后来变得越来越程式化，即按照生态基础、经济活动、亲属制度、政治组织和宗教信仰等逐次展开，再做跨文化比较。这种枯燥乏味的研究方式在20 世纪 60 年代开始受到冲击（马尔库斯 等，1998：50）。

二、阐释主义的民族志

阐释主义民族志的哲学基础是解释学（hermeneutics）。解释学与19世纪德国思想有密切的关系，它起源于维柯和卢梭的反启蒙主义思想，更多的是对文化的保守态度的产物。19世纪以来，解释学有两大传统：一种是从新康德哲学、德国历史学派到马克斯·韦伯（Max Weber）的社会学以及西格蒙德·弗洛伊德（Sigmund Freud）的心理分析的客观主义传统；另一种是以马丁·海德格尔（Martin Heidegger）、路德维希·维特根斯坦（Ludwig Wittgenstein）、汉斯-格奥尔格·伽达默尔（Hans-Georg Gadamer）和彼得·盖伊·温奇（Peter Guy Winch）为代表的主观主义传统。阿尔弗雷德·舒茨（Alfred Schutz）的现象学解释学介于二者之间，保罗·利科（Paul Ricoeur）将解释学引向了批判解释学（德兰逊，2005：35-38）。狄尔泰明确将人文科学从自然科学中分离了出来，他指出，自然可以"解释"，但是人类社会生活必须去"理解"（范梅南，2003：5）。解释学将"理解"视为作者与读者之间、行动者与其解读者之间"精神融合"（spiritual unification）的过程（Bauman，2010：5）。总体而言，在阐释主义社会科学家看来，社会由意义构成，语言在其中扮演着重要角色。相同的事物，对于不同主体的意义却不尽相同。理解就是需要阐释，阐释就是对社会现象进行陈述、挖掘和赋予意义的过程，其中可能还含有一种重新评估和解放的价值取向。研究者与研究对象之间是一种主体间性的关系，社会科学研究的使命在于探寻深层次的意义体系。

20 世纪 60 年代至 80 年代，人类学的理论话语和研究兴趣逐步转移到翻译和解释被研究者的"观念文化"上来（马尔库斯等，1998：47）。阐释主义的社会科学家认为，浪漫主义的主观主义和实证主义的客观主义是寻找文化世界之前和之后被简化的社会现实，与此不同，他们认为人文社会科学应该回归真实的世界，从那些难以捉摸的符号、实践和习俗中探寻意义（Rabinow et al.，1979）。在很多人类学家看来，文化在根本上是价值观念的问题，是一种集体意识。思想和价值观、宇宙论、道德和美学都是用符号来表达的，文化可以被描述为一个符号系统（Kuper，1999：221）。此时的民族志学者通过关注研究对象的日常生活，详细描述微观事件的过程，力图呈现当地人对自己社会生活的解释，以及当地人的人观和宇宙观。强调文化解释的人类学家通过对一种极端的实证论传统的否定，希冀把人本身的意义重新放回到异文化中去理解（赵旭东，2009：104）。这类民族志被称为解释的民族志（interpretive ethnography）。

美国人类学家克利福德·格尔茨（Clifford Geertz，又译克利福德·格尔兹）在此过程中发挥了举足轻重的作用。1973 年，也就是埃文思-普里查德去世的那一年，格尔茨发表了其经典论文《深描：迈向文化的阐释理论》。在文中，格尔茨引用韦伯的论述，将文化看作意义之网，并声称"对文化的分析不是一种寻求规律的实验科学，而是一种探求意义的解释科学"（格尔茨，2014：5）。阐释主义人类学家对让社会科学穿上自然科学的外衣持怀疑态度，认为试图单凭力量、机制、驱动力等封闭的因果体系中客观化的变量，去理解人类的社会和文化生活，似乎不太可能成功（格尔茨，2011：142）。格尔茨立志于将人类学重建为一门人文学科，因此他将"文化"限定在一个狭窄的范围（库珀，2021：256）。在格尔茨看来，人类行为应被视为符号行动，而文化是一种能够控制个体行为的，有组织、有意义的符号象征体系。从事民族志研究恰似试图阅读一部陌生的、字迹消退的、充满省略的、前后矛盾的、带有倾向性评点的手稿。人类学者就是要揭示研究对象的社会性话语，同时建构一个分析系统，用复杂到可以理解的内容取代复杂到无法理解的内容（格尔茨，2014：35，43，58）。自此，阐释人类学声名日隆，并逐步影响和渗透到其他人文社会学科。

按照乔治·E. 马库斯（George E. Marcus，又译乔治·E. 马尔库斯）和米开尔·M. J. 费彻尔（Michael M. J. Fisher）的观点，阐释人类学是20世纪六七十年代美国各种民族志实践和文化概念反思的总称，它是在塔尔科特·帕森斯（Talcott Parsons）的社会理论、韦伯的经典社会学、现象学、结构主义、结构和转换语言学、符号学、法兰克福学派批判理论以及解释学的共同影响下产生的。阐释人类学的兴起可以视作20世纪二三十年代文化相对论（relativism）传统的复兴和精致化。（马尔库斯 等，

1998：47，55）阐释人类学因此也被一些学者称为"文学化相对主义"（史铎金，2019：序6）。

格尔茨在其1988年出版的《论著与生活：作为作者的人类学家》一书的第一部分将弗思1936年出版的《我们提科皮亚人》与洛林·丹弗斯（Loring Danforth）1982年出版的《希腊乡村的死亡仪式》进行比较，以分析实证主义取向的民族志与阐释主义民族志之间写作风格与样式的差异：前者是现实主义的小说模式，是对于不够疏离的科学担忧；后者是哲学的冥想模式，是对于不够融入的人文焦虑（格尔兹，2013：21）。实证主义取向的民族志学者不轻易暴露在田野工作中的个人情感经历，并刻意地保持与当地人之间的距离，以一种沉着、冷静的目光观察他者，认为只有这样才能达到民族志材料的客观与真实。阐释主义取向的民族志学者的观点与此对立，他们认为自我与他者、研究者的本土文化与被研究者的当地文化并非截然不同，事实上存在相通的地方，要理解他者、他者文化，必须运用移情的方法，亲身经历和感受当地人的各种社会生活，以产生思想与情感上的共鸣。如果说，实证主义的民族志学者更多地将自我与他者看成主-客的关系，那么阐释主义的民族志学者则更多地将自我与他者看成交互性的主体关系。在阐释主义民族志学者那里，反思的、批判的、多元的、多场景的、文学的、修辞性的具有更多的合法地位。

三、反思与实验民族志

反思与实验民族志从阐释人类学中生长出来，也可以视为阐释主义民族志的一部分。20世纪60年代之后的各种社会运动，以及人文主义精神的复兴，促使新一代的人类学家反思人类学与帝国殖民主义之间有意无意的合谋关系，反思田野工作中的知识生产与政治、权力之间的复杂关系。有人甚至提出，民族志的历史就是弱者的声音被强者盗用的历史（格尔茨，2011：144）。更为重要的是，人类学家开始反思对异文化的社会生活进行客观阐释是否可能，田野工作是否可以得到纯粹客观公正的知识，人类学研究的最终目的是什么这样的问题。

同时，由于民族解放运动、民权运动、女性主义运动的推进，西方社会中自由与权利的意识更为深入人心。年轻的人类学家意识到少数族裔群体、土著的文化与社会同样应该受到尊重。人类学者越来越清晰地意识到，"文化"并非现代社会所独有，也并非知识精英所独占，而是每一个社会、每一个人都拥有的东西。从伦理与道德上讲，人类学应该弥补以往研究历史的缺陷，人类学家应担负起倡导文化差异、为非西方和非主流文化社会辩护的责任。正是在20世纪60至70年代，人类学家的角色完成了一次有力的逆转——从有意无意的西方殖民主义的同谋角色，转变为具有深刻反思性和批判性，维护少数族裔权利，促进社会公正的角色。与此同时，哲学中的解释学的蓬勃发展、"语言学转向"以及后现代主义的兴起，也促使人类学更多地转向了人文主义。在一定意义上，格尔茨的阐释主义思想为后现代主义人类学和实验民族志的发展铺平了道路。

20 世纪 70 年代以来的实验民族志大致可以归为三种（马尔库斯 等，1998）。第一种实验民族志的重点在于描述不同文化中的人观、自我和情感经验，更加关注被研究者的文化分类、隐喻、修辞和意义。这种实验民族志又可以分成三种类型：心理动力学民族志（psychodynamic ethnographies）、现实主义民族志（realistic ethnographies）和现代主义民族志（modernist ethnographies）。

第二种实验民族志的形成受政治经济学派的影响较大，它们将地方社会与全球体系的政治经济过程结合起来，力求在更宽背景与长线历史中描述地方社会文化的变迁过程。这方面的代表作有埃里克·沃尔夫（Eric Wolf）的《欧洲与没有历史的人民》（1982 年）、迈克尔·陶西格（Michael Taussig）的《南美洲的罪恶观与商品拜物教》（1980 年）以及雷纳托·罗萨尔多（Renato Rosaldo）的《伊隆戈人的猎头：一项社会与历史的研究（1883-1974）》（1981 年）。

第三种实验民族志主张人类学是一门文化批评的艺术。由于受到德国法兰克福学派和法国超现实主义文学的影响，这派民族志学者强调研究者要在对异文化的描写中重新反思自己所处的文化体系的价值和准则。文化批评（cultural critique）的目的就是借助其他文化的现实来嘲讽与暴露研究者自身文化的本质，进而获得对文化整体的充分认识（马尔库斯 等，1998：11）。在这一点上，西方当代反思人类学的认识论类似于中国人类学家费孝通先生所谓的"文化自觉"的观点。人类学者不仅描述和研究异文化，也将异文化当作一面镜子，反思自身所属的文化，并持有一种批判性变革的精神。

20世纪70年代中期兴起的实验民族志写作主要有三个特点：一是把人类学者和他们的田野经历作为民族志实验的焦点和阐述中心；二是对文本进行有意识的组织；三是把研究者当成文化的"翻译者"，对文化事项进行阐释。在马库斯等人看来，"写文化"的任务就是要把文学的意识引入民族志的写作实践中，以此来表明读写民族志的多种样式。实验民族志的本质在于允许读者和作者不断地创造出新的洞见。（马尔库斯 等，1998：67）到20世纪90年代中后期，由于与女性主义、文学、影像技术、新闻学、戏剧、诗学、表演艺术等的积极互动，实验民族志又产生了许多新的成果（Denzin，1997）。

就像马库斯所宣称的那样，在20世纪80年代"写文化"的批评之后，人类学研究中再没有哪一个范式能够团结和凝聚这门学科（克利福德 等，2006）。可以认为，"写文化"与民族志写作实验代表着美国人类学的一个辉煌年代。事实上，"写文化"与"文化批评"还可以被纳入一个更大的"话语"里面，即后现代主义（postmodernism）。后现代主义也可以被视为相对论和阐释主义的逻辑发展，"除了在年代、词汇或写作风格这些表面现象上有所区别，以至于很难把这些观点区分开来"（巴纳德，2006：181）。后现代主义者把相对主义向前推了一大步，所有的知识都是有语境的、暂时的，顶多是部分正确的（库珀，2021：258）。

后现代主义思潮是一个庞大、纷繁、复杂的思想运动。在这里，弗里德里希·威廉·尼采（Friedrich Wilhelm Nietzsche）的精神遗产、米歇尔·福柯（Michel Foucault）的"话语"与"权力"、让-弗朗索瓦·利奥塔（Jean-Francois Lyotard）的元叙事批判与碎片化思想、吉尔·德勒兹（Gilles Louis Réné Deleuze）的反俄狄浦斯主义、雅克·德里达（Jacques Derrida）的解构主义、让·鲍德里亚（Jean Baudrillard）的消费社会分析、弗里德里克·詹明信（Fredric Jameson）的晚期资本主义的逻辑等思想观念交相辉映，不一而足。但是，综而观之，我们可以认定后现代主义思想家大致认同以下五个观点：第一，话语和文本性具有中心地位，研究对象被认为是由话语所建构出来的；第二，分裂的身份及认同，不存在本质主义的人性，人的主体性处于不断变化之中；第三，批判语言具有表征观念的功能，语言在此成为一种不可判定的存在；第四，基础和宏大叙事失去了魅力，支持多元的声音与地方的政治；第五，知识不再是客观中立的，而与各种权力密不可分（埃尔弗森，2011：47-61）。后现代人类学家的实验民族志在批判实证主义和本质论时坚持批判论立场，在其申述后现代主张时则秉持建构论和过程论的本体论观念。虽然后现代主义思潮缺乏统一性、连续性，甚至经常陷入自相矛盾而招致批评①，但是它对人类学和民族志实践的影响无疑是深刻的、富于启发性的，它引领人类学在理论与田野中不断破除旧的迷信，建立新的信念。

实证主义、阐释主义以及反思与实验民族志代表着 20 世纪人类学田野工作方法论的两个端点，代表着人类学方法论发展史上不可逾越的两座高峰。在一定意义上，反思人类学以及各种后现代主义人类学都可以看作对实证主义人类学方法论的解构工作，而阐释人类学和各种实验民族志都可以看作人文主义人类学方法论的建构工作。实证主义民族志学者以客观准确描述异文化为己任，阐释主义民族志学者力图描述当地人行动的文化意义，他们的民族志是对他者"表述的表述"与"阐释的阐释"。反思和批判民族志学者则将研究者自身、田野中的权力关系、民族志文本构建纳入研究范围，试图从知识论、方法论、价值论等多维度重新评估和构建民族志的理论与实践。人类学家高丙中用"跨国婚恋关系"的三个阶段来比喻不同时代民族志中的研究者与研究对象的关系。他指出，在不同时代，民族志学者进入田野的深度、在文本中呈现他者主体性的程度，以及对待读者的心态等方面都存在巨大差异（克利福德 等，2006：代译序 14-15）。从世界范围来看，不同国家的民族志研究具有不同的传统，在同一国

①　在认识论和方法论层面，我倾向于赞同唐·罗伯萨姆（Don Robotham）提出的"适度的后现代主义"（moderate postmodernism）的观念（Robotham，1997）。

度里，也往往存在多元范式竞争、不断探索创新的特点。如今，民族志研究实践的指导思想、写作主题和风格都呈现多样化的特征。

我们可以从不同时代民族志学者关注的本体论和知识论的重心变化里面来理解民族志研究的发展轨迹。自现代主义民族志诞生以来，民族志写作先后经历了"本体论阶段"与"知识论阶段"。在经历过后现代主义的自我反思、批判和相关实践之后，20 世纪 90 年代中后期，民族志逐步走出知识论批判，进入"新本体论阶段"，一批学者重新聚焦民族志研究的区域传统，并以一种新姿态重新关注被研究群体的宇宙观和社会观（王铭铭，2015）。民族志新的趋势试图使人类学"转向事情本身"，并以具有实践紧迫性的问题为起点（朱晓阳，2015）。

进入"新本体论"阶段之后，有关民族志的争论从过去的实证主义与解释学之争逐步转化为一种有关事实本源层面的"实在论"（realism）与"建构论"（constructivism）之争。实在论有很多种形式，但所有实在论者都认同，世界上的事物是真实存在的，且独立于我们对它们的看法（Williams et al.，1996：42）。实在论的目的之一就是保持社会科学的客观性与真实性。批判实在论可以看作解救实在论的一种方式，也可以看作试图帮助社会科学摆脱实证主义和相对主义的一种努力（德兰逊，2005：34）。在建构论者看来，社会是由处在联系中的不同行动主体积极建构的结果，社会科学的知识生产并不外在于社会，田野工作中的民族志学者完全地或部分地参与了当地社会情境的建构。民族志学者必须聚焦于各种不同场景下不同主体的参与过程，从多元视角、用多种手段展现社会现实的多重面向，并反思研究者自身的角色和位置。

一般而言，实证主义取向的民族志研究适合支持偏向于客体的具有系统性或结构性特征的研究，阐释主义取向的民族志研究适合偏向于主体的有关日常社会互动的研究，反思与实践民族志能在一定程度上超越常规并具有较强的批判性。本书的写作无意在实证主义、阐释主义或某种后现代主义之间做出选择。作为民族志学者，我们也并未被要求只能接受其中的一种取向。事实上，我们可以兼收并蓄、各取其长。我们可以将追求科学的客观性作为研究的理想，也可以承认理解与意义的多元性和差异性，追求一种共时性的多元理解和解释的事实，还可以同时对传统的观点秉持一种警醒和批判的态度。

四、民族志的晚近发展

20 世纪的人类学家多在孤岛、村落中从事田野工作。随着时代的变迁，人类学家参与其中的田野，无论是范围还是其内部结构，皆已发生重要变化。在前现代社会，时间与地点总是联系在一起的；在现代性的条件下，地点变得捉摸不定，场所总是被那些不在场的社会影响穿透并被其建构。同时，时-空的分离使得社会系统的脱域（disembeding）和再嵌入成为可能。（吉登斯，2000：15-19）在当代社会，安东尼·吉登斯（Anthony Giddens）所谓的"象征标志"和"专家系统"更加发达，全球性的经济联系和社会分工，以及迅捷的联通工具，使得哪怕最偏僻的孤岛或山村也会受到其外部世界的影响。人类社会进入一个普遍"移动"（flows）和"联通"（links）的时代①，跨越民族和国家边界的文化传播和文化采借早已成为事实。同时，网络媒介的不断发展改变了人们交流互动的模式，也改变了人们获取信息的方式与内容。人类学家像在实验室里那样观察一个孤岛的社会生活的情况早已不复返了。民族志研究者必须经常面对一个缺少面对面接触和互动的世界，而这正是多点民族志、主体民族志、微信民族志等新的民族志形式涌现的客观背景。与此同时，民族志作品的客观性与权威性，民族志研究者与研究对象之间的关系也被重新界定，"合作"与"伙伴"的关系也被引入民族志方法论的讨论中。

由于不满意于传统单一田野地点的民族志，人类学者提出了"线索民族志""多点民族志""多案例民族志"等诸多主张。人类学者赵旭东将田野工作分为场所聚焦和线索追溯两类，由此形成"场所民族志"和"线索民族志"的分野。线索民族志的核心在于"线索的展示以及就这线索所展示出来的意义的不断解

---

① 人类学家赵旭东借用中国两大网络通信集团的名字来形容当下中国社会的显著特征。

读，并在这些背后能够切实望见这线索与整个文明之间有机性的连带关系"（赵旭东，2015：51）。线索追踪是对一个事物、现象或问题认识的不断延展，从无到有，从小到大，从此地到彼地（赵旭东，2017a）。

多点民族志（multi-sited ethnography）最先由美国人类学家马库斯在 1995 年正式提出（Marcus，1995）。借用"多点"的称谓，他一方面不希望降低传统民族志定点研究的深度，另一方面能够对当时的全球化研究有所助益（马库斯 等，2011）。在马库斯看来，整体文化是"多点的"文化，只有通过考察其在不同地方的具体呈现状态，才能够更好地对之进行理解（马丹丹 等，2020）。美国人类学家斯蒂文·郝瑞（Stevan Harrell）在研究中国西南地区民族关系与族群认同的过程中就已经使用了多点民族志的调查方法。在郝瑞看来，田野工作的特殊性以及区域性的研究主题两个因素促使他做了多点民族志研究，虽然他没有像马库斯那样提出这个学术概念（彭文斌 等，2007）。

社会人类学的曼彻斯特学派最早提出和阐释了"拓展案例法"（the extended case method）的概念。迈克尔·布洛维（Michael Burawoy，又译迈克尔·布若威）立足于曼彻斯特学派的拓展案例法，提出用多案例民族志（multicase ethnography）取代多点民族志。布洛维视野中的"案例"具有双重构成：在现实层面，由嵌入其中的社会力量和它所表现的社会过程构成；在想象层面，由我们在该领域秉持的立场和我们引入的理论框架构成。他认为，多案例民族志并非要建立起社会网络或社会流动之间的关联，而是要将不同案例进行对比，以理解和解释它们之间的差异（Burawoy，2009：201-205）。

人类学者项飙（又作项飚）在研究移民经验的基础上，提出了"多尺度的民族志"（multi-scalar ethnography）的主张。其中的"尺度"是指行动的空间范围。项飙提出，每个场景、事件、行动者都可以被特定的分类尺度（taxonomical scale）和自发尺度（emergent scale）定位。前者是指由不同大小的边界空间相互嵌套而形成的空间层级结构，如地方、区域、国家和全球；后者是围绕行动者和具体活动展开的，是指个体协调和动员的群体资源范围，而群体内的资源、信息及情感能够赋能网络中的行动者。项飙认为，不同尺度上的行动承载着不同的模式、逻辑、理性，并应用不同的物质媒介和话语习惯。展示行动者在不同地点的不同尺度，有利于揭示全球化背景下的社会变迁。多尺度的民族志聚焦于人们的流动和联系，在根本上是一种中程（middle-range）的框架，既可以作为一种分析策略，也可以助益田野工作（Xiang，2013）。

20世纪80年代实验民族志的登场，主要针对人类学的表述危机这一核心议题。一些人类学家认为，民族志的文本及描述对象都是研究者主体建构出来的，研究者与研究对象从根本上处于一种不对等的关系之中，因此科学民族志是一个虚妄的概念。实验民族志的理论实验也影响到了中国的学者。人类学者朱炳祥提出主体民族志的概念。在他看来，主体民族志强调对主体的文化背景与写作目的的批判性反思，强调主体的整体性特征，强调主体、客体、主客体关系这三者之间的整体联系，以对人类前途的终极关怀作为人类学的学科目的（朱炳祥，2013），并将"互镜"作为主体民族志的认识论基础（朱炳祥，2011），以"裸呈"为表述方式，让当地人围绕他们感兴趣的问题自由讲述当地的文化及个人的经历及思考（朱炳祥，2014），民族志研究者只依据当地人的讲述"就什么说点什么"，而且需坦陈与研究有关的个人诸要素（徐杰舜 等，2016）。主体民族志的理论建构与实践（朱炳祥 等，2015）虽然难免带有一点"模仿"和"跟进"的特征，但这确实显示了中国人类学者的持续努力探索的精神。与此同时，也有学者指出，以主观性为武器的后现代主义在本质上是怀疑论和不可知论的变种，并呈现一种"自卑"和"不育"的特征，"客观地观察异族的文化事实和社会事实，并且忠实地再现之乃一项可为的事业"（蔡华，2014：63）。

近年来，中国的一些人类学者建议将民族志改为"文化志"（张小军 等，2014）、"人群志"（巴战龙，2018）、"人类志"或"人志"。在一定程度上，这可以视作人类学者在应对研究领域与研究对象变化的一种表现。赵旭东（2018）提出，传统民族志以某个村落、岛屿或某个人群为单位，立足于互惠人类学和中国"一带一路"合作倡议，为民族志研究提供一套新的文化整体观，流域民族志、山脉民族志以及道路民族志等民族志新形态将会在未来出现。

微信民族志是中国人类学者描摹与反思信息时代中国社会的独特贡献。微信技术的出现是人类社会不断分化的必然结果，它使社会超有机体的信息通道达到空前的发达，而且它表征和助推了整个中国社会的文化转型——一种对个体、技术和理性极其推崇的现代性意识（陈学金，2017）。基于微信界面的参与观察，可能创生一种新形式的民族志，而微信时代的种种特征会直接影响民族志的知识生产形式（赵旭东，2017b）。微信界面是一种新型的田野，它构成了人们表达、交往和各类互动的实体性空间，不同行动者的行动与事件/信息相互纠缠，可以构成一种超巨互动（super-interaction），而即时性、多主体、多中心、多样态，以及人口卷入的巨大规模和不确定性是"纠缠"的常态（刘忠魏，2017）。微信界面是众多网络互动界面中的一种，在很大程度上反映了当代网络社会的特征。

对于"微信民族志"或"网络民族志"是什么以及该如何书写，似乎还没有一个较为一致的论述。但是，相关研究实践启示我们，移动互联网的一类新型媒介已经成为人们日常生活的一部分。社会科学工作者只要研究人们的日常生活，此类田野或界面便无法回避。但同时应注意，若微信技术只是日常生活事件中的一环或几环，或者只是个体在社会中表达文化、展开行动的工具和策略，那么微信文化只是人类文化的一个亚型或一个局部（陈学金，2017），民族志研究者仍需要探索一种整体的、全面的田野经验和深度的理解。

五、民族志研究的洞察力与价值

英国经验主义哲学家弗朗西斯·培根（Francis Bacon）曾经用蜜蜂和蚂蚁、蜘蛛的对比来说明哲学工作的方法。他说："从事科学研究的人不是实验者就是推理者。实验者像蚂蚁，只会采集和使用；推理者像蜘蛛，只凭借自己的材料来织丝网。但蜜蜂采取一种中间路线，从庭院和田野里的花朵中采集材料，再用自己的能力转化和消化。哲学的真正任务正是这样，它既非完全或主要依靠心智的力量，也非只把从自然历史和机械实验得来的材料原封不动、囫囵吞枣地累积在记忆中，而是借助智力把它们进行转化和融会贯通。"（Hollis，1994：66）从认识论和方法论的角度来看，蚂蚁的工作只是搜集和堆砌经验材料，蜘蛛的工作只是搜肠刮肚、苦思冥想，做哲学思辨或逻辑推演。蜜蜂采集花粉，酿造蜂蜜，它的工作则是一个包括采集、消化、吸收和创造的过程，既注重经验事实，又重视理性分析。民族志研究者的角色也可以用蜜蜂进行类比，他们既注重经验事实，又重视理论建构与阐释。

民族志的田野工作将研究者置于一种并非习以为常的异文化情境中，在观察、体验他者的同时，亦反省自身的文化逻辑。这种身临其境的工作方法赋予民族志研究者独特的洞察力和想象力，借此民族志研究者重新审查和理解纷繁的社会与多变的人性。这同时也是民族志受到持续尊重的重要原因。通过持续的田野工作，民族志研究者与当地人一起劳作、一起生活，在情境中观察不同的行动者，"共情"地理解当地的社会文化。民族志学者通过描摹那些常常被人忽视的细枝末节，努力去理解一个人群的文化——包括但绝不限于行动逻辑、情感模式、经济生活、亲属制度、权力关系、教育体系、价值信仰、宇宙观等。从根本上而言，民族志研究是一种跨越文化界限的专业活动（Kimball et al.，1972）。民族志描述的事实也是跨文化的，"它们本是活生生的经历，却在询问、观察和体验的过程中被制作成事实"（拉比诺，2008：145）。而且，民族志研究者与报道人都参与了事实的制造过程。因此，民族志的洞见与其说是来自民族志研究者本人，不如说民族志研究者吸纳了许多当地社群成员的生命经验和人生智慧。

民族志研究者从事田野工作和撰写民族志的过程也是一种对社会现实进行概括化和抽象化认识的过程。丰富、细致、具体的民族志材料，使得创造性和想象性思考成为可能，这有助于人们深刻理解某一社会现象或问题的过程机制和文化意涵。项飙用"民族志式的抽象化"概括这一过程。在他的认识中，民族志式的抽象化是从具体现象出发，通过对在具体场景下的不同现象之间的实质性联系的梳理，呈现某一现象的整体形态（configuration）（项飚，2012：序二48，序二50）。人类学家的民族志作品，"麻雀虽小，五脏俱全"，往往可以达到从一滴水中折射出澎湃海洋的效果。人类学家一般通过描述一个小地方的社会生活来提出大论题，并从小空间的研究中提出人类学的洞见（埃里克森，2008：7-8）。民族志研究的魔法就在于承认一滴海水与海洋之间、小地方与宏观脉络之间的关联，而且最重要的是，它善于捕捉和捋清这些关联是如何相互作用的。具有不同研究旨趣的民族志研究者有一个共同的关注点，就是试图理解某个人群或社会现象的复杂性以及它们表现出来的普遍性特征。在此意义上，民族志研究者的理论宿命就在于，要始终着意于在细节中反复思考特殊与一般、微观与宏观、此在与过去和未来的种种关联。

民族志研究的重要价值就是积累案例知识、挑战常识、证实或证伪既有理论。任何一个记录翔实的民族志都能成为一个案例，成为后续相关研究比较或参照的原型。根据家族相似性的观念，每个民族志案例都会在一定程度上反映出研究对象所属总体的特征，通过积累更多类型的民族志案例，可以达到逐步认识研究对象总体的目的。这种归纳式的研究路径，尤其适合于缺少历史积淀的探索性研究。若遵从卡尔·波普尔（Karl Popper）假设-演绎的批判理性主义逻辑（德兰逊，2005：26-29），民族志研究可以通过寻找和刻画"黑天鹅"案例来检验既有理论或假设（弗莱杰格，2018：457），从而实现修订理论假设、确定理论适用边界，或者激发更深入的调查和理论建构的目的。

民族志研究与其他形式的研究相比，能够描述和还原被宏大历史叙述所掩藏或遮蔽的诸多细节，尤其是能反映那些处于边缘地位、处境不利人们的心声。迈克尔·赫茨菲尔德（Michael

Herzfeld）将社会文化人类学视为一门对常识进行研究的科学，而且人类学者善于做边缘社会的调查研究并利用这种边缘性向权力中心发出诘问，并对那些所谓具有普遍合理性的假设做出有益的批判和修正（赫茨菲尔德，2009：1，6）。不仅如此，劳拉·内德（Laura Nader）认为，人类学家通常以边缘群体和无权者为研究对象，而较少关注大学、银行、保险、政府等现代机构和层级地位较高的人群。她号召人类学者不仅要"向下"研究，而且最重要的是"向上"研究有权有势的富人社会和精英群体，为实现民主社会和社会公正贡献力量。（Nader，1972）

民族志的重要价值还在于，它将会在未来成为珍贵的历史文本。在任何一个国家的正史中，王侯将相都是主角，重大历史事件都是叙述重点。民族志的出现使得边缘群体和普通人得以被客观、真实地记录下来。试想数十或数百年后，你写作的民族志作品被后世的人们在偶然间发现，民族志文本，包括你的研究主题、叙述方式、理论评论、情感态度，都将会成为后世理解当前这个时代、这个社会的宝贵资源，而这正是现代影像技术所不能完全达到的效果。经典民族志的传世价值就在于它对人性与文化的深刻理解以及它所携带的永久的美感（林耀华，2008：新版序言）。

如今，民族志研究者越来越多地参与到大规模的集体研究项目中。与编制问卷、抽样调查的定量研究学者不同，民族志研究者会尽可能多地参与到研究场所的社会生活中去，观察、体验，并融入当地的社会文化网络之中，关注国家政策和项目对当地生

活的影响。这是人类学带给复杂社会研究的珍贵礼物。(科塔克,
2014:46)

著名人类学家庄孔韶在 1995 年提出"不浪费的人类学"的
实践理念,主张采用多元方法来呈现人类学者田野与书斋的综合
实践(庄孔韶 等,2011)。"不浪费的人类学"的理念具体是指:
"人类学家个人或群体在一个田野调查点上将其学习、调研、阐
释和理解的知识、经验、体悟、直觉和情感用多种手段展示出
来。著书立说以外,尚借助多种形式,如小说、随笔、散文、诗
歌、戏剧、影视等文学手法创作;邀集地方人士的作品或记录,
甚至整合同一个田野点相关专业的跨学科作品,以求从该族群社
区获得多元信息和有益于文化理解与综观。"(庄孔韶,2019:
212)作为一名民族志研究者,有必要将"不浪费的人类学"作
为一种价值追求,以致在田野工作之初就寻求一种多学科或跨学
科的对话,创新田野工作方式,充实和拓展研究主题,探索成果
的多元表达方式。

从事民族志研究需要有足够的雄心和抱负,需要有脚踏实
地、从实求知的精神。由于田野工作的长时性和艰苦性,民族志
研究尤其适合三十岁左右的青年学者,因为这个年龄阶段的学者
家庭负担较小、年富力强、富有学术激情和批判性。民族志研究
虽然有诸多价值,但并不意味着民族志研究是简单、容易上手
的,也不意味着既有民族志研究都能成为经世之作。一位中国人
类学家在 2012 年以罕见的方式犀利地指出民族志研究存在的种
种问题。研究者只有在田野工作和民族志撰写中直面这些问题,

民族志研究的价值才能真正凸显。故此，将这段批评誊录于此，并非不合时宜。

作为社会-文化人类学乃至整个社会科学最基本的研究方法和表述形式之一的民族志，在面对社会变迁和社会转型的诸多重大问题时，似乎更显得无效、无能，甚至无声；而且相对于社会学的类似局限似乎有着不完全相同的"短板"。其具体表现有：执著于传统的、琐细的、边缘的研究对象和研究领域，有时似乎依然在猎奇或"搜神"，绝少触及社会生活中的重大变化和重要问题，与正在发生的重大社会变迁似乎并无关联；以所谓单纯描述文化为主旨，绝少提出和回答社会科学的真问题，缺少理论关怀和创构理论的抱负；自闭于"学术的"象牙塔，自说自话、自娱自乐甚至自大自恋，缺少必要的社会关怀和学术担当；面对丰富多样、复杂多变的社会、文化对象缺少开阔的视野和宽厚的胸怀，甚至在学科内部对自己的同行都不能理解、难以包容。这样的"自我中心"和自我放逐只能导致学科的日益边缘化、零碎化、奢侈化，必然无法承担起生产与积累学术知识，并且将社会科学发展为"一种公共智识的工具"，说明和解释"人类的处境"，促使"人类觉醒"的责任与使命。(郭于华，2012：4)

参考文献

埃尔弗森, 2011. 后现代主义与社会研究 [M]. 甘会斌, 译. 上海: 上海人民出版社.

埃里克森, 2008. 小地方, 大论题: 社会文化人类学导论 [M]. 董薇, 译. 北京: 商务印书馆.

埃文思-普里查德, 2010. 论社会人类学 [M]. 冷凤彩, 译. 北京: 世界图书出版公司.

巴纳德, 2006. 人类学历史与理论 [M]. 王建民, 刘源, 许丹, 等译. 北京: 华夏出版社.

巴战龙, 2008. 教育民族志: 含义、特点、类型 [J]. 湖南师范大学教育科学学报 (3): 10-13.

巴战龙, 2018. 聚焦和凝视 "地方教育学" [J]. 中国民族教育 (1): 13.

蔡华, 2014. 当代民族志方法论: 对J. 克利福德质疑民族志可行性的质疑 [J]. 民族研究 (3): 48-63.

陈学金, 2017. 微信技术与文化: 一种社会人类学的分析 [J]. 思想战线 (2): 46-52.

德兰逊, 2005. 社会科学: 超越建构论和实在论 [M]. 张茂元, 译. 长春: 吉林人民出版社.

范梅南, 2003. 生活体验研究: 人文科学视野中的教育学 [M]. 宋广文, 等译. 北京: 教育科学出版社.

费边, 2018. 时间与他者: 人类学如何制作其对象 [M]. 马健雄, 林珠云, 译. 北京: 北京师范大学出版社.

弗莱杰格，2018. 个案研究［M］//邓津，林肯. 质性研究手册：研究策略与艺术. 朱志勇，韩倩，邓猛，等译. 重庆：重庆大学出版社：450-473.

格尔茨，2011. 追寻事实：两个国家、四个十年、一位人类学家［M］. 林经纬，译. 北京：北京大学出版社.

格尔茨，2013. 烛幽之光：哲学问题的人类学省思［M］. 甘会斌，译. 上海：上海人民出版社.

格尔茨，2014. 文化的解释［M］. 韩莉，译. 南京：译林出版社.

格尔兹，2013. 论著与生活：作为作者的人类学家［M］. 方静文，黄剑波，译. 北京：中国人民大学出版社.

郭于华，2012. 从社会学的想象力到民族志的洞察力［M］//郭于华. 清华社会学评论：第五辑. 北京：社会科学文献出版社：1-21.

赫茨菲尔德，2009. 人类学：文化和社会领域中的理论实践［M］. 刘珩，石毅，李昌银，译. 北京：华夏出版社.

胡鸿保，张丽梅，2010. "从事民族志"：马林诺夫斯基与格尔茨［J］. 世界民族，（1）：38-44.

黄淑娉，1982. 摩尔根［M］//李显荣，沈永兴，唐枢. 外国历史名人传：近代部分 中册. 北京：中国社会科学出版社：397-404.

吉登斯，2000. 现代性的后果［M］. 田禾，译. 南京：译林出版社.

卡尔迪纳，普里勃，1991. 他们研究了人：十大文化人类学家［M］. 孙恺祥，译. 北京：生活·读书·新知三联书店.

科塔克，2014. 人性之窗：简明人类学概论：第 3 版［M］. 范可，等译. 上海：上海人民出版社.

克利福德，马库斯，2006. 写文化：民族志的诗学与政治学［M］. 高丙中，吴晓黎，李霞，等译. 北京：商务印书馆.

库珀，2021. 人类学与人类学家：二十世纪的英国学派 ［M］. 沈沉，译. 北京：商务印书馆.

拉比诺，2008. 摩洛哥田野作业反思 ［M］. 高丙中，康敏，译. 北京：商务印书馆.

拉得克利夫-布朗，吴文藻，1936. 对于中国乡村生活社会学调查的建议 ［J］. 社会学界（9）：79-88.

林耀华，2008. 金翼：中国家族制度的社会学研究 ［M］. 庄孔韶，林宗成，译. 北京：生活·读书·新知三联书店.

刘忠魏，2017. 微信民族志：XT 水灾的微信民族志构想 ［J］. 思想战线（2）：32-45.

马丹丹，马库斯，2020. 文本、民族志与在地化：关于写文化的整体理解：人类学学者访谈录之九十 ［J］. 广西民族大学学报（哲学社会科学版）（1）：31-40.

马尔库斯，费彻尔，1998. 作为文化批评的人类学：一个人文学科的实验时代 ［M］. 王铭铭，蓝达居，译. 北京：生活·读书·新知三联书店.

马库斯，满珂，2011. 十五年后的多点民族志研究 ［J］. 西北民族研究（3）：12-21.

马力罗，2018. 民族学与人类学方法论研究 ［M］. 吴孝刚，译. 北京：知识产权出版社.

马林诺夫斯基，2007. 原始社会的犯罪与习俗：修订译本 ［M］. 原江，译. 北京：法律出版社.

马林诺斯基，1999. 科学的文化理论 ［M］. 黄剑波，等译. 北京：中央民族大学出版社.

马凌诺斯基，2002. 西太平洋的航海者 ［M］. 梁永佳，李绍明，译. 北京：华夏出版社.

彭文斌，郝瑞，2007. 田野、同行与中国人类学西南研究：访美国著名人
　　类学家斯蒂文·郝瑞教授［J］. 西南民族大学学报（人文社会科学版）
　　（10）：19-32.

史铎金，2019. 人类学家的魔法：人类学史论集［M］. 赵丙祥，译. 北
　　京：生活·读书·新知三联书店.

王铭铭，2011. 人类学讲义稿［M］. 北京：世界图书出版公司.

王铭铭，2015. 当代民族志形态的形成：从知识论的转向到新本体论的回
　　归［J］. 民族研究（3）：25-38.

项飚，2012. 全球"猎身"：世界信息产业和印度的技术劳工［M］. 王迪，
　　译. 北京：北京大学出版社.

徐杰舜，朱炳祥，2016. 主体民族志与民族志范式变迁：人类学学者访谈
　　录之七十九［J］. 广西民族大学学报（哲学社会科学版）（4）：39-44.

张小军，木合塔尔·阿皮孜，2014. 走向"文化志"的人类学：传统"民
　　族志"概念反思［J］. 民族研究（4）：49-57.

赵旭东，2009. 文化的表达：人类学的视野［M］. 北京：中国人民大学出
　　版社.

赵旭东，2015. 线索民族志：民族志叙事的新范式［J］. 民族研究（1）：
　　47-57.

赵旭东，2017a. 线索民族志的线索追溯方法［J］. 民族研究（5）：42-54.

赵旭东，2017b. 微信民族志时代即将来临：人类学家对于文化转型的觉悟
　　［J］. 探索与争鸣（5）：4-14.

赵旭东，2018. 互惠人类学再发现［J］. 中国社会科学（7）：106-117.

朱炳祥，2011. 反思与重构：论"主体民族志"［J］. 民族研究（3）：
　　12-24.

朱炳祥，2013. 再论"主体民族志"：民族志范式的转换及其"自明性基

础"的探求 [J]. 民族研究（3）：60-72.

朱炳祥，2014. 三论"主体民族志"：走出"表述的危机" [J]. 民族研究
　　（2）：39-50.

朱炳祥，刘海涛，2015. "三重叙事"的"主体民族志"微型实验：一个
　　白族人宗教信仰的"裸呈"及其解读和反思 [J]. 民族研究（1）：
　　58-71.

朱晓阳，2015. 地势、民族志和"本体论转向"的人类学 [J]. 思想战线
　　（5）：1-10.

庄孔韶，2019. 流动的人类学诗学：金翼山谷的歌谣与诗作 [J]. 开放时
　　代（2）：211-223.

庄孔韶，孙庆忠，2011. 穿梭于学术研究与应用实践之间：庄孔韶教授访
　　谈录 [J]. 中国农业大学学报（社会科学版）（1）：13-27.

BAUMAN Z，2010. Hermeneutics and social science：approaches to understand-
　　ing [M]. London：Taylor & Francis.

BURAWOY M，2009. The extended case method：four countries，four decades，
　　four great transformations，and one theoretical tradition [M]. Berkeley：Uni-
　　versity of California Press.

DENZIN N K，1997. Interpretive ethnography：ethnographic practices for the
　　21st century [M]. London：Sage Publications.

HOLLIS M，1994. The philosophy of social science：an introduction [M].
　　Cambridge：Cambridge University Press.

KIMBALL S T，WATSON J B，1972. Crossing cultural boundaries：the anthro-
　　pological experience [M]. San Francisco：Chandler Publishing Company.

KUPER A，1983. Anthropology and anthropologist：the modern British school
　　[M]. 2nd ed. London：Routledge & Kegan Paul.

KUPER A, 1999. Culture: the anthropologists' account [M]. Cambridge: Harvard University Press.

LEACH E R, 1957. The epistemological background to Malinowski's empiricism [M] //FIRTH R. Man and culture: an evaluation of the work of Bronislaw Malinowski. London: Routledge & Kegan Paul: 119-138.

MARCUS G E, 1995. Ethnography in/of the world system: the emergence of multi-sited ethnography [J]. Annual Review of Anthropology (24): 95-117.

NADER L, 1972. Up the anthropologist: perspectives gained from studying up [M] //HYMES D. Reinventing anthropology. New York: Pantheon Books: 284-311.

RABINOW P, SULLIVAN W M, 1979. Interpretive social science: a reader [M]. Berkeley: University of California Press.

ROBOTHAM D, 1997. Postcolonialities: the challenge of new modernities [J]. International Social Science Journal (153): 357-371.

STRENSKI I, 1982. Malinowski: second positivism, second romanticism [J]. Man, New Series (4): 766-771.

WILLIAMS M, MAY T, 1996. Introduction to the philosophy of social research [M]. London: University College London Press.

XIANG B, 2013. Multi-scalar ethnography: an approach for critical engagement with migration and social change [J]. Ethnography (3): 282-299.

第二章

民族志研究的认识论与方法论

民族志在本质上是一种质性的经验研究。经验主义与理性主义相对，兴起于 17 世纪的科学革命，它强调对物质世界的直接观察和体验是获取科学知识的关键，经由经验观察收集具体事例来解释自然与社会中的现象。自 20 世纪以来，社会科学研究的哲学基础最开始是实证主义（positivism），随后阐释主义（interpretivism）成为实证主义的竞争对手，社会建构论（social constructivism）作为后起之秀同时挑战前两者。实证主义认为，社会如同自然一样，是可以经验的现象或客体。阐释学家在自然实在和社会实在之间做了明确的区分，认为社会现实是由语言所建构的。社会建构论者走得更远，他们认为自然科学也是语言建构的（Gorski，2013）。民族志研究的认识论和方法论是在不同的社会科学哲学影响之下逐步发展和积累起来的，并且它一直处于开放的发展过程之中。

现代主义民族志的方法论基础是由许多人类学家的工作共同奠定的，其中最重要的内容包括：马林诺夫斯基具有整体主义特

征的田野工作方法，博厄斯的文化相对论，拉德克利夫-布朗的
比较研究方法和对社会的普遍法则的探求，马文·哈里斯（Mar-
vin Harris）的主位与客位研究法，格尔茨的"深描"和对文化
的阐释，以及后现代主义人类学家的反思和批判精神。人类学家
沃尔夫曾指出，人类学是人文学科中最具科学精神的学科，同时
也是科学中最具人文精神的学科（拉波特 等，2009：158）。田
野工作和民族志正是这种特征的集中表现。本章从整体观、写文
化、文化相对主义、主位与客位研究、跨文化比较、反思与批判
性等六个方面来具体介绍民族志研究的认识论和方法论的特征。

一、整体观

民族志研究的整体观起源于早期人类学家对小规模、相对隔
绝的简单社会的研究。人类学家为了理解某一特定文化的全部面
貌，采用了一种没有范围限制的策略来收集资料，以了解特定人
群的社会生活的整体性及其内部关联（科塔克，2014：37）。赫
伯特·斯宾塞（Herbert Spencer）有关社会的超有机体观念和涂
尔干整体主义的社会学思想是这种整体观的理论渊源。马林诺夫
斯基在《西太平洋的航海者》的前言中指出，"可接受的民族志
工作的首要条件就是，它必须把该社区中社会的、文化的和心理
的所有方面作为一个整体来处理，因为这些方面是如此错综复

杂，以至不把所有方面考虑进来就不可能理解其中的一个方面"（马凌诺斯基，2002：前言2）。拉德克利夫-布朗也指出，"只有当文化被看成是一个各部分相互联系的整体时，才能确定任何文化元素的意义"（拉德克利夫-布朗，2002：63-64）。毫无疑问，马林诺夫斯基和拉德克利夫-布朗的表述可以被视为民族志整体观的宣言。

一般来说，人类学的整体观是指，每一个文化事项都不是孤立存在的，需要在特定情境、过程和脉络中去考虑它与其他文化事项之间的关联。民族志研究者不能将田野地点"出于分析目的的隔离"认定为"事实上的隔离"（van Velsen，1967：145），研究者划定的"研究单位"通常是与广阔的政治、经济、社会联系在一起的。例如，教育人类学者总是将课堂教学、学校系统、家庭结构、社区交往置于特定的社会结构和教育文化传统中来研究儿童的濡化和社会化问题。

下面，我们通过一起阅读人类学家哈里斯对印度街头的母牛的分析，就可以知道任何一个看似简单的社会现实，都可能有隐藏于其后的结构性动因。而人类学家的重要使命之一，便是分析、揭示出这种结构的关联。

在印度的城镇和乡间的街道上都可以看到，无拘无束的母牛四下闲荡，悠然自得，而衣衫褴褛的农夫却倒毙路边。从表面看，印度人非常崇拜母牛。政府部门还为母牛开设养老院，无偿向那些滴奶不产、年老体衰的牲畜提供食物。农人们把母牛视为家庭成员，一旦母牛患病，他们就虔诚地祈祷。一年之中的大半时间，母牛总是呈现瘦骨嶙峋之状。一些农业专家指出，对母牛的崇拜大大降低了农业生产的效率，因为这些牲畜既不能向人们提供牛奶，也不能提供肉食，却与其他对人有益的牲畜争抢有限的饲养耕地。但事实并不是如此简单。印度农业生产的机械化程度并不高，公牛是耕地和拉货、运输的主力。很多农人无力购买拖拉机，而他们拥有的公牛又非常有限，才使得他们特别爱惜母牛。一个拥有一头母牛的农人就等于拥有了一家制造公牛的工厂。因此，不管他热爱母牛与否，他都没有理由急不可待地把自己的母牛卖给屠宰场。除此之外，牛粪不仅可以作肥料，还是一种理想的燃料，甚至还可以用作居室里的地面材料。在雨季来临之时，骨瘦如柴、年老体弱的母牛会重新焕发活力，继续繁衍牛犊，重新产奶。这会给贫穷的农人带来新的希望。大多数牲畜，不论是否被送往屠宰场，最终都会被人吃掉。在社会底层的贱民阶层中，专门有一部分人处置死亡牲畜的尸体，而其中大部分牲畜的肉，都是被这些贱民所食吃。食吃牛肉的阶层也是从事皮革行业的人士，因为他们有权处理死亡牲畜的皮革，而且印度拥有庞大的皮革工业。①

哈里斯认为，在社会科学中整体观有四种含义：方法论的整体观（methodological holism）、功能主义视角的整体观（function-

---

① 本部分内容摘编自《母牛·猪·战争·妖巫：人类文化之谜》（哈里斯，1990：1-28）一书。

alist holism)、清单式的整体观（laundry-list holism）和过程视角
的整体观（processual holism）（Harris，1998：54-55，133-139）。
下面以哈里斯的分类方式，分别对这四种整体主义观念进行
介绍。①

方法论的整体主义是与方法论的个体主义（methodological
individualism）相对应的观念。方法论的个体主义者认为，社会
和文化现象可以从个体层面单独来解释。而整体主义论者，如斯
宾塞、马克思、涂尔干、帕森斯等，认为社会整体大于个体观念
和行为的总和，社会结构具有决定个体行动的特征。斯宾塞借鉴
"生物有机体"的概念，将社会视作一种"超有机体"，认为社
会是由个体组成的团体组成的，社会有机体的元素是每一个个体
（瑟维斯，1997：290）。在涂尔干看来，社会事实是人们行动、
思考和感受的方式，它独立于个体的意识而具有客观实在性，能
支配人的行为，并具有强制性。社会事实无法用生理学、心理学
以及其他研究个体的方法来解释，而必须从社会整体中寻求解释
（陈学金，2013）。马塞尔·莫斯（Marcel Mauss）进一步提出
"总体的社会事实"的概念，他认为，任何一个社会事实都会触
及多种社会制度，因此对同一社会现象的分析，可以从法律、经
济、政治、宗教、美学、形态学等多个维度展开（莫斯，2005：
176）。

功能主义视角的整体观是指从部分与部分或部分与整体之间

————————————

① 此部分内容亦参考了《人类学概论》中相关内容（庄孔韶，2006：
27-30）。

的相互关系来看待社会和文化事项的功能与角色。这种观念认为，某一人群居住的自然生态环境、生计方式、社会组织、权威类型、宗教信仰、民间风俗等是一个紧密联系的整体，要理解其中的任何一个部分，都必须将其放到整体关联中去理解。

清单式的整体观在逻辑上与功能主义视角的整体观并不是相互排斥的。相反，很多人类学家明显地将功能主义视角的整体观视为宽泛意义上的人类学的整体观的渊源（Harris，1998：135-136）。不同的人类学家可能会依据不同的研究主题和研究对象，做一种独特的组合。比如，医学人类学家会重点关注人的身体与生物性、健康与疾病、日常生活等；教育人类学家会重点关注家庭结构、语言习得、学校教育、社会交往、课程改革等；艺术人类学家会重点关注民间手工艺、生产方式、仪式展演过程、宗教信仰等；生态人类学家会重点关注生态环境、人口、牲畜、生计方式、生物链等。

过程视角的整体观主要表现在历时性和共时性两个维度上。在历时性的维度上，要关注研究对象的起源、发展和演化，以及它们之间的内在关联。在共时性的维度上，要关注事件情境中的各种因素，同时关注情境内外各种力量的互动与关联。社会学家孙立平提出的"过程-事件分析"的研究策略可以被视作过程视角的整体观的一种应用。过程-事件分析的研究策略将研究对象视为由若干事件所构成的动态的过程，追求一种对事物过程的连贯与流畅的描述和解释。在这种研究方式中，事件和过程所展示的不是片面的某一方，而是它们之间的复杂互动关系（孙立平，2000）。

　　需要特别强调的是，人类学的整体观还体现在人的生物性和社会文化的关联上，即文化与人的生物性之间存在一种相互影响的关系。这种整体观一般被称为"生物–文化的整体观"。例如，在不同的社会中，判断美丽和英俊的标准并不完全相同，生活在特定文化中的人们就会按照他们的标准形塑自己的身体，改变他们的生物面貌。再如，在戒毒问题上，公共卫生专家使用药物和心理疗法。不同于医生的科学思维，人类学家发现文化的力量也有助于解决戒毒问题。例如，云南宁蒗县跑马坪彝族家支举行的"虎日"仪式，充分调动家支、家族的力量，将彝族民间仪式、习惯法、传统道德与教化等诸多文化要素整合在一起，帮助吸毒人员战胜人的药物依赖性和生物成瘾性，取得了较高的成功率，对于禁毒、戒毒和防治艾滋病工作具有很强的推广价值（庄孔韶，2005）。在不同的经济文化类型中，我们也可以看到不同的养育方式对儿童生理和心理成长的影响。

二、写文化

　　如果说民族志研究最重要的特征就是"写文化"，那么我们必须知道要描摹的"文化"到底是什么或包含什么。非常遗憾的是，很多初入门的研究者并未重视这一重要问题，也未界定其研究的"文化"内涵。从人类经验的角度审视文化，文化表现出符号性、群体性和习得性。费孝通据此曾给文化下了一个定义："文化是依赖象征体系和个人的记忆而维持着的社会共同经验。"（费孝通，2009a：121）这种利用符号传递社会经验所形成的文化也是人类区别于动物最重要的特征。

与中国文化中的"天人合一""中和位育"等观念不同，西方文化存在一种将人和自然对立起来的倾向，认为文化是人利用自然来达到自身目的的成就。在此意义上讲，文化是一切"人为的"和"为人的"事物（费孝通，2009b：302-313）。这是最为宽泛的文化内涵。英国人类学家泰勒提出的文化概念广为流传，但也很宽泛。他指出，"文化，或文明，就其广泛的民族学意义来说，是包括全部的知识、信仰、艺术、道德、法律、风俗以及作为社会成员的人所掌握和接受的任何其他的才能和习惯的复合体"（泰勒，1992：1）。据雷蒙·威廉斯（Raymond Williams）考证，文化本义是指对自然成长的照管。19 世纪之后，主要产生了四种含义：心灵的普遍状态或习惯；整个社会智性发展的普遍状态；艺术的整体状况；包括物质、智性、精神各个层面的整体生活方式（威廉斯，2011：4）。威廉斯讲的第四种文化含义正是 19 世纪下半叶人类学研究的重点内容。虽然不同的人类学家对文化概念有不尽相同的界定，不过他们都认为文化具有如下特点：（1）文化是共享的；（2）文化是习得的；（3）文化是整合的；（4）文化以象征符号为基础；（5）文化是适应性的；（6）文化是变迁的（庄孔韶，2004：21）。

不同理论取向的人类学家往往侧重文化的不同内容或不同面向。美国教育人类学家乔治·D. 斯宾德勒（George D. Spindler）曾经非常综合而又笼统地界定文化的内涵，他指出，"文化体系包括观念的和行为的模式、结构的连接（structural alignments）、成员关系和社会互动、与生态的相互关系（ecological interrelationships）"（Spindler，1970：preface）。这个定义尽管仍不全面，但我们可以看到教育人类学家意欲综合不同理论流派的努力。在以往政治经济的参照框架居于主导地位时，文化分析经常从属于经济和政治解释。如今，社会科学家认识到，文化维度的研究对理解现实的经济和国家而言至关重要（史密斯，2005：140）。人类学的文化分析的理论视角较为丰富，例如生计决定论、社会决定论、自我心理动力学决定论、象征决定论等等（王铭铭，2005：87）。在田野工作中，我经常按照功能论、模式论、符号-意义论三种模式观察和书写文化，下面依次做简要介绍。

（一）功能论的文化观

20 世纪上半叶，随着功能主义的发展，对某一区域或群体的文化事项进行全景式的描述成为一种潮流。仔细研究一下林耀华的《义序的宗族研究》和费孝通的《江村经济》的篇章结构，就可以看出这种趋势。直到现在，这种按照自然生态基础、生计方式、亲属结构、经济活动、政治组织、意识形态等依次展开的写作模式还是人类学初学者的必修课。费孝通在《乡土重建》

中指出，他理解的文化就是指一个团体为了位育处境所制下的一套生活方式，其中，位育（adaptation）是指人和自然的相互迁就以达到生活的目的。

埃文思–普里查德对努尔人性格特征的分析，就遵从了这种文化的分析逻辑。他写道：

可以说，努尔人性格特征中的某些显著特质是同他们落后的技术和匮乏的食物供给相一致的。……我所提到的那些品质，如勇敢、慷慨、耐心、自豪、忠诚、顽固以及独立，是努尔人自己所称颂的品质，可以看出，这种价值观是与他们简单的生活方式以及由此而产生的那套简单的社会关系极为适合的。（埃文思–普里查德，2002：107-108）

其实，有一批人类学家持适应论的文化观。适应论的文化观可以视作功能论的文化观的一种变种。在 20 世纪六七十年代，新进化论和生态人类学兴盛之时，适应论的文化观念有很多的支持者。哈里斯对印度圣牛的分析，以及罗伊·A. 拉帕波特（Roy A. Rappaport）围绕新几内亚僧巴伽部落（Tsembaga）家猪展开的研究即是例证。

（二）模式论的文化观

在 20 世纪上半叶，文化人格学派的人类学家在与心理学家的竞争和合作中逐步发展出一套模式论的文化观。人类学家拉尔夫·林顿（Ralph Linton）的文化概念在当时非常流行。他认为，一种文化是"习得行为与行为之结果的综合结构，这种习得行为的组成要素被一个特定社会的成员所分有和传递"（林顿，2007：30）。物质的与人的行为是文化的显在方面，社会成员共享的知识、态度和价值是文化的隐性方面（林顿，2007：35）。

20世纪50年代初期，阿尔弗雷德·L. 克虏伯（Alfred L. Kroeber）和克莱德·克拉克洪（Clyde Kluckhohn）在全面梳理当时的文化概念之后，非常慎重地给文化下了一个定义。他们认为：

文化由外显的和内隐的行为模式构成，它通过符号来获得和传递。它构成了某一人群独特的成就，包括其在器物上的体现。文化的核心要素由传统（历史上获得的并经过选择而传承下来的）思想，特别是其中所附的价值观构成。文化系统一方面是行为的产物，另一方面又是下一步行动的条件因素。（Kroeber et al.，1952：181）

文化既非行为，也非对全部具体、完整行为之调查。文化部分存在于行为规范或标准中。还有一部分文化存在于那些证明被选择的行为方式合理性的思想观念中。最后，每一种文化都包含关于选择与秩序（"最一般的因素"）的一般原则，依照这些原则，不同地区的行为模式可化约为简洁的通则。（Kroeber et al.，1952：189）

当人类学家使用"文化"这一概念时，通常有两类含义，并在二者之间犹豫不定。第一类是指"一个社群内的生活模式——有规则地一再发生的活动以及物质布局和社会布局"（基辛，1988：31）。在此意义上，"文化"指的是那些可以被观察到的事物、事件和现象。第二类是指知识和信仰的系统。它们并不可以直接被观察到，而是存在于某一人群的思想和观念系统中，建构人们的经验和知觉，规约人们的行为，决定人们的选择（基辛，1988：31-32）。克虏伯和克拉克洪的文化定义也在小心翼翼地处理这两类含义的关系，并且以追求简明、精练为目标。

文化是"人们在生活中实践和传承的思维、行为和组织的方式及其产品。作为一个有机有序而又能动变迁的复合整体，文化对于寻常百姓如同水之于鱼，是一种日用而不知的存在"（庄孔韶，2004：34）。隐藏在人们日常行为、器物、制度背后的那些原则、假定、观念，经常被人们视若不见，被认为是理所当然的，很少被纳入反思的范围。人类学家 R. M. 基辛（R. M. Keesing）提出，研究文化的第一个困难就是我们不习惯分析文化模式，甚至很少感觉到文化模式的存在。他同时鼓励我们，只要稍微用点心，就能够意识到那些通常隐藏在日常行为背后的规则。（基辛，1988：33）

依据模式论的文化观，有意识或无意识的价值、信念、规则构成了文化的内核，它们导引出可观察的行动与互动模式、认知模式、思维模式和情感模式。因此，民族志研究者要反其道而行之，从可观察、可描述的模式探究那些在背后发挥作用的因素和机制。我们以教育系统的研究为例来说明模式论文化观的研究逻辑。教育系统的行动者包括儿童和青少年、家长、教师、学校领导、教育部门官员。作为文化的承载者，每一个有能力的行动者都能对其行动进行一种"反思性监控"，而且行动者对其所处的情境和社会都有着广泛、熟悉而细致的理解和认识。这种理解和认识体现于行动者知道如何做的"实践意识"和能够讲出知识的"话语意识"中。（吉登斯，2015：80-81）因此，研究者首先要观察家长、教师、学生、教育官员等不同行动者的行为模式、认知模式和情感模式，听取他们的解释，理解他们的思维逻辑和行动逻辑。除此之外，那些在例行性活动中引导个体行为的默会知识或潜规则也是文化的重要组成部分。研究者要和当事人不断地交换意见、碰撞，以使这些默会知识和潜规则逐步清晰并显现出来。

从观察行为到分析思维模式并非一个轻而易举的过程。人类学家克洛德·列维-斯特劳斯（Claude Levi-Strauss）在求学时代曾经上过古斯塔夫·罗德里克（Gustave Rodrigues）开设的哲学课程，他后来在《忧郁的热带》中描写了这位老师的课堂教学模式。现将这段文字誊录于下，试看列维-斯特劳斯是如何透过课堂教学分析教师的教学模式和思维模式的。

不过在哲学方面他所教的也不过是柏格森主义和新康德主义的某种混合罢了，令我大失所望。他非常热切地诉说他那些枯燥无味的教条观点，整堂课都激动得手舞足蹈。我从来没有看过这么天真的信念和这么贫乏的知识能力结合在一起，蔚为奇观。1940年德军进入巴黎之时，他自杀了。

在他的课堂上，我第一次学到，任何问题，不论是多么微不足道或严肃重大的问题，都可以用同一种方法解决。这种方法就是把对那个问题的两种传统看法对立起来。第一种看法利用常识作为支持的证据；然后再用第二种看法来否定第一种看法。之后，将以上两种看法都证明为不够完整，而用第三种看法说明前面两种看法的不足之处。最后，经由名词的搬弄，把两种看法变成是同一个现实的两个互补面：形式与内容；容器与容物；存有与外表；延续与断裂；本质与存在；等等。这一类的练习很快就变成纯粹是语言的搬弄，靠的是一点说双关语的能力，用双关语取代思想：语音的接近、语音的相似、语音的多样性逐渐成为那些聪明矫饰的知识转折的基础，那些知识的转折被认为就是良好的哲学推理的标记。（列维-斯特劳斯，2009：49-50）

（三）符号-意义论的文化观

阐释人类学派创始人格尔茨偏重于分析象征符号和意义体系。他认为文化是"从历史上留下来的存在于符号中的意义模式，是以符号形式表达的前后相袭的概念系统，借此人们交流、保存和发展对生命的知识和态度"（格尔茨，2014：109）。格尔茨的文化概念强调当地人的象征符号和意义体系，实质上也存在着一种表层符号和深层意义的双重结构。在当前大多数人类学家看来，文化并不是"从属者"，而是"决定者"。"文化构成其他的社会过程，而不仅是反映或再现它们。"（伊格尔顿，2006：28）例如，格尔茨就倾向于认为把文化视作"一个总管行为的控制机制——计划、处方、规则、指令"（格尔茨，2014：57）。某一群体的文化与其社会结构是密不可分的。如果我们将结构视为常规实践中个体与群体之间连续的互动模式，那么研究者必须观察行动者的社会互动，以期理解整个系统的规则与资源的配置方式，进而理解人群的观念与意义系统。民族志研究的目的就是通过整体深入的描述，在分析社会结构的基础上，挖掘出那些表象背后的象征意义、价值和信念体系。

法国人类学家莫斯对于部落社会中"夸富宴"（potlatch）的分析，可以成为这类文化分析的代表。在西北美洲的特林基特（Tlinkit）和海达（Haïda）这两个部落及其所在的地区中存在"夸富宴"的活动（莫斯，2005：9）。在这种活动中，"一方面，人们甚至会发生争斗，甚至会导致参与争斗的首领或显贵丧命；另一方面，人们为了压过与之竞富的首领及其盟友（往往是那位首领的祖父、岳父或女婿），甚至会不惜将自己积攒下来的财富一味地毁坏殆尽"（莫斯，2005：10）。莫斯认为，夸富宴实际上既是一种游戏，也是一种比赛，他将夸富宴命名为"竞技式的总体呈献"（莫斯，2005：10）。夸富宴就其本身而言是一种交换礼物的制度，而且它连带着信用、荣誉观念的实践。通过对不同区域民族志的比较分析，莫斯指出，夸富宴的过程总是伴随着不同行动主体赠礼、收礼和回礼的义务，人们也会利用夸富宴来获取更高的社会地位。

我在有关华北农村社区治理的系列调研中发现，2015 年前后，华北一些村庄在社区建设和治理中不约而同地使用了"党员户""村规民约户""美丽庭院"等各式各样的标牌。"党员户"标牌是加强基层党组织建设的一部分，其他类别的标牌通常是村集体为了表彰在环境建设、遵纪守法、精神文明等方面做得好的家户而颁发。这些标牌通常与某种形式的村规民约联系起来。从家户的角度来看，获得标牌的家户会觉得很有面子，没有获得标牌的家户会感受到某种群体道德压力。这些标牌符号凝结着村庄的集体价值和行动规范，可以引领人们的良善行为，村庄因此构建出一种以象征符号为标志的动态评比机制和村庄符号文化网络。类似的标牌在"集体化时代"曾经被广泛使用，如今又被重新再造和利用。通过历史比较分析可知，这种基于象征符号的治理网络，是生计方式发生转型的村庄在"后税费时代"治理村庄的一种策略。

三、文化相对主义

由于个体总是成长和生活于某个特定的社会文化环境，因此人们总是习惯用本族群、本国的价值标准与行为规范来判断、解释和衡量其他族群、其他国家的社会文化行为。这种正常的文化心理被称为族裔中心主义（ethnocentrism）。族裔中心主义走向极端，就会演变成种族主义（包括种族偏见、种族歧视、种族迫害等）。文化相对主义（cultural relativism）是与族裔中心主义相对立的一种价值观念。文化相对主义的兴起主要得益于美国人类学博厄斯学派的大力倡导。博厄斯继承了德国的民族精神学说，极力批判种族主义。与阿道夫·巴斯蒂安（Adolf Bastian）的观点类似，博厄斯认为，每一种文化都是自成一格的，有自己的独特历史，任何一个民族都有自己的世界观和道德观，任何文化都有存在的价值和相对性，不能用一套标准衡量所有文化。人类学中的文化相对主义是美国文化多元主义和自由主义政治思想的重要理论基础之一，在很大程度上挑战了之前的社会达尔文主义、种族主义和"白人至上主义"观念，为少数族群和处境不利群体争取政治和文化权利提供了重要的理论资源。

　　文化相对主义，一般而言，包括道德层面的和方法论层面的两种含义（Eriksen et al.，2001：40）。道德层面的文化相对主义要求民族志研究者尊重和爱戴"他者"，像对待我们自己人一样好。在田野中这一点比较难做到。例如，肯尼亚马赛部落的割礼和菲律宾伊隆戈人的猎头过程会让来自文明社会的人类学家觉得惨无人道，难以接受。又如，在研究美国贫民区的毒贩和吸毒者群体的时候，让人类学家接受毒贩的经济理性、街头性暴力仍然是一件非常困难的事情。在很多场合里，人类学家不得不保持中立和沉默（布儒瓦，2009）。方法论层面的文化相对主义要求民族志研究者在田野中尽量悬置自己的伦理与价值判断，控制自己的情绪，努力去记录和理解被研究者的行为模式、价值规范、道德伦理。事实上，没有这种"悬置"，研究者与被研究者之间不可能建立相互信任的关系。

文化相对主义是一种抗衡进化论观念的力量，普通人在审视不同问题时经常在二者之间摇摆。借用列维－斯特劳斯的表述，身处社会文化多样性中的现代人受到双重诱惑的夹击：既想谴责那些有伤感情的经验，又想否认从智力上难以理解的差异（这些差异涉及道德的、宗教的、社会的、审美的等形式），他们于是相信一种"伪进化论"的药方——将文化事项的多样性按照时间序列排列。"伪进化论"是一种表面佯称完全承认文化的多样性，其实却企图取消它的尝试。（列维－斯特劳斯，2006：717-718）文化相对主义作为民族志研究的认识论基础，许多人类学家都曾为其进行过辩护。格尔茨在一篇名为《反"反相对主义"》的文章中说，相对主义者提醒我们警惕的是"地方主义"及其危险，即"由于我们过度学习、过高评价地接受了我们自身的社会，我们的知觉将呆钝麻木，我们的智力将画地为牢，我们的同情将气小量狭"（格尔茨，2013：40）。当然，研究者也应极力避免运用一种极端文化相对主义，否则民族志就会沦落为一种"荒谬滑稽且极为拙劣的模仿和描述"，致使所有在"道德和经验上的判断都悬而未决"（赫茨菲尔德，2009：35）。

社会科学工作者应该以严肃、认真的态度，尽量不带任何偏见地深入研究本民族的历史文化，以及其他国家、民族的历史文化（费孝通，2009b：540）。在对本国社会，尤其是家乡社会、少数族群的研究中，将研究对象定义为与"我们"完全不同的"他者"显然是不合时宜的。民族志研究者必须区分哪些事项具有国家制度和政策层面或者社会结构层面的一致性，哪些事项具有本质上的差异性。

社会人类学家费孝通先生从全球化和构建人类跨文明的共同理念的视角提出，人们应该打破"自我中心主义"，建立一种"美美与共"的心态。他认为，在全球化社会中，世界出现了许多新问题与新现象，而这些问题和现象是由不同文化的相互接触、碰撞、融合而产生的。研究这类问题和现象的难点在于，"研究者必须摆脱各种成见，敞开胸怀，以开阔的视角，超越自己文化固有的思维模式，来深入观察和领悟其他族群的文化、文明。在跨文化的交流和沟通中，构建起新的更广博的知识体系"（费孝通，2009b：540）。对于如何做经验研究，费孝通重点强调了研究者的心态问题。

从某种意义上说，这种实地调查的方法，也反映出研究者的一种心态，就是你是不是真正要去理解、接受"他人"的文化、文明，这种心态正是今天不同文明之间交流的一个关键。深入到"异文化"中去做调查，努力学习"他人"的语言、传统、入乡随俗，适应他们的生活方式，做到设身处地地用当地人的眼光来看待周围的事物……这本身就是对"异文化"的尊重和对"异文化"开放的心态。如果连这种最基本的平等态度都没有，还谈什么交流和沟通。（费孝通，2009b：540）

　　要进行跨文化的观察体验，还必须具有一种跨越文化偏见的心态。由某一种文化教化出来的人，因为对"他文化"不习惯，出现这样那样的误解、曲解，对"他文化"产生偏见，应该说是一种正常的现象。但作为一个研究者，则必须具备更高的见识、更强的领悟力，能够抛弃这种偏见。我特别提到一个"悟"字，这个字在跨文化的研究中显得特别重要，它不仅要求研究者全身心地投入到被研究者的生活当中，乃至他们的思想中，能设身处地地像他们一样思考；同时，又要求研究者能冷静、超然地去观察周围发生的一切。在一种"进得去，出得来"的心态下，去真正体验我们要了解的"跨文化"的感受。我认为，在讨论全球化和不同文明之间的关系时，具体的研究方法等技术因素，并不是最重要的，最要紧的还是研究者的心态。（费孝通，2009b：541）

　　费孝通认为，在全球性的大社会中，纯粹的封闭的文化群体或文明形式已很少存在，研究者"必须改变过去概念化的、抽象的、刻板的思维方式，以一种动态的、综合的、多层面的眼光，来看待当今世界上不同文化和文明之间的关系"（费孝通，2009b：543）。与方法论意义上的文化相对主义相比，费孝通倡导的研究者心态的根基更为扎实、稳健，因为它是建立在文化自觉和构建人类命运共同体的价值理念之上的。费孝通的认识论和方法论视野更为宏阔，将田野工作置于全球文化互动的脉络中无疑更符合当前的社会现实。

四、主位与客位研究

民族志研究需要描述并区分被研究者的主位观点和研究者的客位观点。主位研究是指从文化负荷者或事件参与者的视角研究行动者的行为与思想，客位研究是指从旁观者的视角去分析行动者的行为与思想，并做出客观的评价。"主位"（emics）和"客位"（etics）这两个术语是从语言学术语"音位的"（phonemic）和"语音的"（phonetic）类推而来的，它们分别是这两个词语的后缀。语言学家肯尼思·派克（Kenneth Pike）在他的《人类行为结构统一理论中的语言》（1967 年）一书中首先采用这两个术语（哈里斯 等，2006）。派克创造出这两个术语是出于在语言描述中增加一些非言语行为部分的需要。在不同情境中，局外人听起来有细微差别的语音，在局内人那里就可能代表了不同的意义。他认为，在每个个体的总体行为系统中可能存在一个主位的子系统。思维、想象和言说等都属于这种主位行为系统。生活在单一语言和单一文化中的个体可以在潜移默化中学习到自己语言的各种语法规则，但对于这些规则并无明确的意识，也不能明确地表达出来（Pike，1990）。派克希望从当地人的客位数据资料入手，进而了解语言文化背景，最终了解当地人话语的主位意义。

文化人类学家哈里斯在派克理论的基础上，用其文化唯物主义理论（cultural materialism）对主位和客位研究进行了新的阐释。哈里斯曾经师从新进化论的两位大师莱斯利·A. 怀特（Leslie A. White）和朱利安·斯图尔德（Julian Steward），并深受马克思的唯物主义和行为主义心理学家斯金纳的影响。在哈里斯看来，人类学的基本任务就是要为在人类群体中发现的行为和思想的差异与相似性找到因果关系的解释。要完成这个任务，就要研究人类存在所必须服从的物质性的强制因素。这些因素来自生产食物、住所、工具和机器的需要，来自生物学和环境条件限度内再生产人口的需要。对于文化唯物主义者而言，人类生活中的心理或精神方面的多样性最可能来自物质性强制因素的多样性（哈里斯，1988：531）。哈里斯认为，文化唯物主义认识论的中心内容是要区分人类思想和行为的客位观点与主位观点。他认为，主位意义内在于参与者的头脑中，客位意义则包含于作为行为流事件的话语行为的信息中（哈里斯 等，2006）。他特别指出，应当解决好两组不同的区别：第一，思想事件和行为事件之间的区别；第二，主位事件和客位事件之间的区别（哈里斯，1989：36）。

下面让我们看看哈里斯对印度南部喀拉拉邦农民饿死小公牛现象的分析。

在印度南部喀拉拉邦的特里凡得琅地区，我访问了农民，问到了他们自家的牛的死因问题。每一个农民都坚持说他决不会故意缩短任何一头牲畜的生命，不会杀死它们或让它们饿死。每一个农民都强烈地肯定了印度教不准屠杀家牛的规定的合法性。然而时过不久，从我收集的牲畜繁殖记载来看，很明显，小公牛的死亡率往往比小母牛死亡率高出近一倍。事实上，一岁以下的公牛的数量低于同年龄组的母牛的数量，比率为67比100。农民们自己知道小公牛比小母牛更容易死去，但他们认为这种差别在于小公牛比较"虚弱"。他们说，"小公牛更经常生病"。当我要求农民解释为什么小公牛更经常生病时，有几个人说小公牛比小母牛吃得少；有一两个人说小公牛吃得少是因为只允许它们在母牛的乳头旁呆上几分钟。但是，谁也不说因为在喀拉拉邦很少需要畜力，公牛就被剔出去，母牛则得到饲养。

这种情况下的主位研究结果是谁也没有故意或乐意缩短牛的生命。人们反复告诉我说，每一头牛不论它是什么性别都有权生存。但是这种情况下的客位研究结果是，用优先选择杀公牛的方法，有系统地调整牛的性比率，以适应于当地生态学和经济的需要。虽然多余的小牛不杀掉，但它们或多或少地很快被饿死。按主位观点来看，喀拉拉邦牛的性比率与当地生态学和经济条件之间不存在系统的关系。然而这种系统的关系的无比重要性可以从下面事实中看出来：印度的其他一些地区普遍具有不同的生态条件和经济条件。在那里，实行的客位的杀牛的优先选择是母牛而不是公牛，结果在北方邦成年牛的性比率是每200多头公牛比100头母牛。（哈里斯，1989：38-39）

当时美国的文化生态学研究有一个共同的特点，即把研究兴趣从"环境如何刺激（或阻止）社会和文化形态的发展"转到了"社会和文化形态如何维持与环境的既存关系"上面。（庄孔韶，2008：626）哈里斯对喀拉拉邦农民故意饿死小公牛的社会现象的解读正是这种理论分析逻辑，如图 2-1 所示。这个经典案例提示我们，当事人对其行为的认定可能与旁观者大相径庭，他们会有自身的思考逻辑和言说逻辑，他们也可能要刻意掩饰什么。区分主位观点和客位观点的必要性正源于此。主位研究法要求研究者注意观察局内人的行动，多倾听局内人的报告，并注意分析其文化的逻辑。客位研究法要求研究者使用旁观者的视角分析判断局内人的言行、思想和逻辑。但是，客位观点不一定就是客观的，主位观点也不尽然是靠不住的。毋宁说，我们只有从尽可能多的角度分析问题，才可能得到近乎完整的社会现实。主位

	主位的	客位的
行为的	I	II
思想的	III	IV

I 主位的/行为的："没有小牛被饿死。"

II 客位的/行为的："小公牛被饿死。"

III 主位的/思想的："所有小牛都有生存权。"

IV 客位的/思想的："当饲料不足时让小公牛饿死。"

图 2-1 哈里斯对印度南部喀拉拉邦饿死小公牛

现象的分析（哈里斯，1989：45）

研究后来被解释学派的人类学家进一步发展，形成了"当地人的视角"（native's perspective）和"当地人的观点"（native's point of view），在实验民族志和后现代人类学中这种特征更为明显。

从主位的视角来看，在很多情况下，当地人可能知道他们做了什么，但是并不完全清楚他们是如何做的，以及为什么要这样做。按照哲学家迈克尔·波兰尼（Michael Polanyi）的观点，一些地方知识可能处于一种非语言、非理性阶段的默会知识层面。波兰尼曾经说："虽然我无法清楚地说出如何骑自行车，也不能清楚地说出我如何认出自己的雨衣（因为我并不清楚地知道），然而这并不妨碍我说我知道如何骑自行车，知道如何认出自己的雨衣，因为我知道我非常清楚地知道如何做这些事情，虽然我只以工具的方式知道那些细节，并且在焦点上完全忽视了它们。因此我可以说，我知道这些东西，尽管我无法讲明或几乎无法说出我知道的是什么。"（波兰尼，2017：101）当地人长时间生活在本土文化中，对自己所处的文化习以为常、浑然不觉，或者知道很多却难以清楚表达。在这种情况下，将客位研究与主位研究相结合显得尤为重要。客位研究能够揭示出日常行为中隐含的情感、深层逻辑与价值信念，将地方知识阐释到一个更加清晰的层次。

主位视角和客位视角在同一时间下，对同一事物的看法往往并不相同。曾经陪同列维-斯特劳斯在巴西考察的当地人助手卡斯特罗·法利亚（Castro Faria）在 2001 年出版了《另外的观看》

一书，这本书展示了法利亚在与列维-斯特劳斯几乎同时同地拍摄的大量照片。与列维-斯特劳斯在《忧郁的热带》（1955年）和《怀念巴西》（1994年）中呈现的照片相比，法利亚使用了一些广角镜头，使得作为人物背景的木棚、栅栏、柱子得以显现。列维-斯特劳斯的照片显示的是"原初的荒蛮"和"乐园"，法利亚的照片显示的则是"正在建立的秩序和发展"。（邓启耀 等，2016）这一案例足以警示研究者，研究者在摄像的视角和聚焦上都可能与当地人存在差异。研究者绝不能自负，想当然地认为自己的逻辑就是正确的、超然的，甚至是唯一正确的。

民族志研究者脱离自己的生活世界，进入研究对象的生活世界，探索以研究对象为中心的行为理论时，其必然是一位理论的实践者，要在主位观点与客位观点之间不断做出调和（石之瑜，2005：15-16）。接下来，我们再以一个语言教育人类学的经典研究来说明主位和客位研究的价值与意义。教育人类学家滕星在长期钻研少数民族双语教育后发现，不同群体之间，乃至同一群体的不同层次的成员之间看待双语教育的观点并不完全一致。为了翔实刻画四川凉山彝族社区学校彝汉双语教育两类模式的实际运行状况，滕星采用直接呈现座谈会访谈对话的形式，叙述了行政官员、大学教师、中小学教师、校长、家长和学生等不同群体对待彝汉双语两类模式的观点与态度。在主位描述的基础上，滕星继而从客位视角论证了实施彝汉双语教育的必要性、彝汉两类模式双语教育方案的理论设计与现实差距、影响与制约两类模式双语教育的因素等问题。（滕星，2001）滕星从书写凉山彝族社区双语教育困境的田野案例，到勾勒出民族教育在全球、国家、民族三重视野中的普遍困境，进而提出通过调整学校教育中的文化内容以促进个体、地方和国家的共同发展的"多元文化整合教育"，彰显了他扎实的田野工作和敏锐的洞察力（陈学金，2018）。滕星的民族志研究还启示我们，对于那些以某种实践为主题的研究，主位与客位研究不仅是研究方法，而且可以作为民族志文本的写作框架。

五、跨文化比较

跨文化比较（cross-cultural comparison）旨在通过对从不同族群、区域、国家、社会取得的经验材料进行比较分析，验证假设，探索文化的普同性和特殊性，并试图从中发现某种规律或通则。19 世纪持进化观点的人类学家，如泰勒和摩尔根，受生物进化论的影响，认为人类社会是一个从低级向高级、从简单向复杂的不断演进的过程，通过比较不同社会中文化的"遗存"，可以确定不同社会的文明程度。进化论学者对不同地区文化遗存的搜集整理、比较分析可以视为人类学的跨文化比较研究的开端。

人类学家拉德克利夫-布朗特别强调跨文化比较研究的重要性，他的"比较社会学"意在观察事实、提出假设、返回田野继续观察、进行文化比较研究，以期发现社会和文化的通则。拉德克利夫-布朗的比较研究方法强调对完整的文化系统进行比较。他还区分了共时性比较和历时性比较两种方法，他认为，在某种程度上，共时性问题的研究必须优先于历时性问题的研究（拉德克利夫-布朗，2002：72）。一些人类学家，如埃文思-普里查德和列维-斯特劳斯，认为只有经过跨文化比较的综合研究才能称得上是人类学研究，否则只停留在民族志或民族学研究的层次（列维-斯特劳斯，2006：325-327）。跨文化研究的人类学经典作品除了鲁思·本尼迪克特（Ruth Benedict）的《文化模式》（1934年）和米德的《三个原始部落的性别与气质》（1935年）之外，还有福蒂斯和埃文思-普里查德合编的《非洲的政治制度》（1940年）、乔治·默多克（George Murdock）的《社会结构》（1949年）、拉德克利夫-布朗和达里尔·福德（Daryl Forde）合编的《非洲亲属和婚姻体系》（1950年）等（包智明，1997）。我个人较为推崇列维-斯特劳斯的《图腾制度》（1962年），在这本薄薄的小册子中，列维-斯特劳斯运用了大量不同地区的民族志资料，其中很多来自澳大利亚和北美。他娴熟地运用民族志材料批判既有观点，意在指明，图腾制度应被理解为动物物种与人类氏族之间的联系。图腾制度是由隐喻关系构成的，它与人类的知性和心智有关。（列维-斯特劳斯，2005）

进行文化比较研究的前提是建立一个包含众多不同地区、不同民族样本的文化事项数据库。美国人类学家默多克及其同事从1935年开始设计一套跨文化的系统，该系统可以快速检索和利用来自不同社会的民族志材料。1949 年，人类关系区域档案协作组织在美国康涅狄格州正式成立，哈佛大学、俄克拉何马大学、宾夕法尼亚大学、华盛顿大学和耶鲁大学是其创始成员机构。随着这个数据库收录范围的不断扩大，以及相关理论研究的不断产出，人类关系区域档案在人类学界的影响越来越大。人类关系区域档案建有自己的网站（参见 https：//hraf. yale. edu/），其使命是促进人们对过去和现在的文化多样性与共性的理解。人类关系区域档案为研究、教学提供学术资源和基础设施，并支持和开展跨文化的原创研究。目前，全球大约 400 所高等院校、图书馆、博物馆和研究机构可以全部或部分地使用人类关系区域档案的民族志资源。

20 世纪 50 年代之后，认知人类学家开始系统而持续地关注儿童社会化问题。1954 年至 1955 年，美国人类学家约翰·怀廷（John Whiting）等人主持展开针对墨西哥、印度、肯尼亚、日本、菲律宾和美国六个国家社区的儿童社会化的研究项目，六个研究小组（每组一男一女）在几乎相同的时间，采用相同的调研方案进行田野工作，重点关注 3 至 10 岁的儿童，并于 20 世纪 60 年代之后发表了系列研究报告（Whiting，1963：1-13）。诸如怀廷等人的跨文化比较研究成果，往往可以突破单一文化对认知的限制，可以使研究者发现人类行为的范围与多样性。

1950 年前后，心理学家西尔斯（Robert Sears）等人在美国 Kansas 市做了一项有关儿童教养与人格关系的研究。西尔斯的研究重点是想了解儿童断奶的时间与引起儿童情绪上困扰不安的关系。这项研究以 80 个婴儿为样本，发现凡是断奶时间愈延后者，引起儿童情绪上困扰不安的情形愈大。但是，西尔斯的研究结果，对于人类学家，特别是像怀廷（John Whiting）这样从事跨文化研究的学者来说是不能满足的。因为这个结果仅仅代表一个民族的情况，这种情况是否适合于人类不同的文化就很难说了。怀廷以这个疑惑为出发点，用西尔斯同样的变量，在 75 种不同文化中进行验证。他发现，在跨文化的比较下，两个变量间的关系与西尔斯的研究结果恰好相反。换而言之，在多个民族比较所得的结果是，断奶的时间愈延后，则引起儿童情绪不安的情况愈低。（李亦园，1976：1）

美国人类学家约瑟夫·托宾（Joseph Tobin）及其合作者将田野观察和视频技术相结合，创造出一种多声部民族志（multivocal ethnography）和视觉民族志（visual ethnography）相结合的研究方法，对 20 世纪 80 年代末中国、日本、美国的幼儿园进行了比较研究（Tobin et al.，1989）。他们研究发现，中国的幼儿园比较严肃，强调纪律和行为控制；日本的幼儿园比较宽松，教师很少干预儿童的自主活动；美国的学前教育机构对幼儿的控制强度处在中国和日本之间，特别强调言语方面的训练（朱家雄，1991）。

人类学的纪录片也经常运用跨文化比较的方法揭示不同社会的文化风俗，给观众带来强大的文化震撼。纪录片《阳光宝贝》

（Babies，2010 年）通过对分别出生在纳米比亚红土地、蒙古大草原、东京和旧金山的四个婴儿从出生到直立行走过程的描述，展示了不同种族、民族、地域的家庭养育子女方式的文化多元性。纪录片《生命奇迹：初为人母》（4 Babies A Second，2015年）记录了来自塞内加尔、美国、印度和法国的四名产妇第一次分娩的过程，从中可以感知不同国家的发展水平、医疗技术和生育文化。

六、反思与批判性

从事田野工作的民族志研究者总是贴近实践，为了探寻一种"'非理论性'的理论"（格伦菲尔，2018：45），或一种"实践中的文化"（刘东，2009：16-39）。因此，民族志研究者对一切现成的理论和观念保持一种反思和批判的意识。毫无疑问，后现代主义人类学对民族志研究者提出了更高、更严格的要求，特别是要求具备对研究者自身、田野工作和民族志写作的反思和批判意识。

从 20 世纪 70 年代开始，以《人类学和殖民遭遇》《东方学》《摩洛哥田野作业反思》《作为文化批评的人类学：一个人文学科的实验时代》《写文化：民族志的诗学与政治学》《时间与他者：人类学如何制作其对象》等著作的出版为标志，人类学者开始反思和批判早期民族志文本中隐含的殖民主义和西方中心主义。这些批评者指责早期的人类学家以西方的、现代的标准来评判部落社会，甚至嘲笑当地人为落后的野蛮人。20世纪80年代，人类学界还呈现出一种谢里·B. 奥特纳（Sherry B. Ortner）所谓的"晦暗"的转向，即重视描述和批判新自由主义背景下社会生活中的权力、支配、不平等以及压迫，揭示苦难、无情的主观经验（奥特娜 等，2019）。正是这些论著使得民族志研究的反思性与批判性得以强化。现在，大多数民族志研究都会有意识地对经验材料的厚度、自身的身份与认同、田野中的权力关系、研究者的理论假定、分析框架的合理性、理论阐释的局限等做出反思，这些反思的最终目的在于加强民族志文本的分析力度。

从理论根源来看，反思与批判民族志的出现是出于对实证主义和阐释主义主导的民族志研究的批评。批判民族志研究者认为，实证主义的民族志在价值无涉的旗帜下只关心社会现状，却缺少变革社会的意识和力量；而阐释主义民族志只关注自我理解和自我意识，导致其毫无批判地接受某个社会内部的主导意识形态。批判民族志的理论根源非常复杂，通常包括马克思主义、法兰克福学派的批判理论、解构主义、后结构主义、后殖民主义、女性主义、批判种族理论、批判解释学等。一部优秀的民族志往往要求能够挑战人们的既有认识与观念，同时能够带领读者进行深入的思考。人类学加之于自身的批评和批判并没有降低这个学科的声誉，批评和批判反而可以拓展民族志的理论视野，增加民族志的理论深度。更为重要的是，批评能促使调查者以更加敏锐的眼光观察问题（赫茨菲尔德，2009：15）。

一般认为，民族志研究者的反思可以分为两类：一是研究者个人层面的，二是社会文化层面的（赫茨菲尔德，2009：49）。林耀华先生在谈到反思人类学时提出：大而言之，研究者要反思人类在自然界的位置，反思人类与环境及众生之间的关系；小而言之，就是反思研究者与研究对象之间的互动关系。研究者要端正态度，保持一种安步当车的心态，从容舒缓一些，把人看得比名、利、物更重一些。（林耀华，1999：12）反思与批判并非一蹴而就，而是贯穿于田野工作和民族志写作的始终。反思与批判的能力也是民族志研究者专业能力和学术水准的重要表征维度。

民族志研究者的反思对象还包含自身归属的文化。任何个体一生下来就生活在一种社会文化模式下，久而久之便习以为常，认为这一套文化模式是理所当然的，平时并不会将其纳入认识和反思视野。对于一个普通人而言，刚到一处陌生的地方，会仔细留意环境中的各种设置，会对各种未见过的事物感到新奇。但是当获得了足够的安全感之后，个体就会逐步失去对环境和社会情境的关注。这是人性使然。与常人不同，受过训练的社会科学家进入异文化群体，在田野中需要经历"变熟为生"（defamiliariza-tion）和"变生为熟"的过程，才会意识到自身文化群体的观念和思维逻辑，才能达到文化反思和某种程度的"文化自觉"。

具有反思性与批判性的民族志研究者常常具有一种强烈的现实关怀，并在潜意识中蕴含着或多或少"解放的"观念和旨趣。

德国哲学家尤尔根·哈贝马斯（Jurgen Habermas）认为，在自我反思的力量中，认识与兴趣是一个东西，从而提出一种将认识活动与兴趣相结合的认识论。他认为，兴趣是认识的基础和前提，不同的科学活动有自己特殊的认识旨趣。自然科学包含着控制自然的技术旨趣，历史的解释学包含着实践的认识旨趣，批判性的社会科学包含着解放的旨趣。（哈贝马斯，1999a，1999b）在批判民族志研究者看来，民族志知识的生产过程是一个负载价值（value-laden）的过程，民族志作品将作者、被研究者以及社会紧密地联结在一起，民族志描述可以成为一种文化批评和变革社会的强有力手段。他们倡导，研究者应给予被研究者更多的话语权和表达空间，以发表他们的观点、愿望和主张，反映具有差异性的社会事实；应努力挖掘那些日常社会行为的隐藏含义及尚未被意识到的结果。这就要求，民族志作品应具有清晰的事实和框架，以唤醒和改造社会大众的传统观念。

批判性思维要求民族志研究者认识到思想具有控制和解放的双重能力，通过不懈挑战那些传统的有关这个世界和我们如何思考的广为接受的观念以创造新的知识，将目标从描述"是什么"（what is）调整为未来"可能是什么"（what could be）（Thomas，1993：20）。具有反思与批判性的民族志研究可能在一定程度上转化为一种参与式的行动研究（participatory action research），即研究者被动或主动地卷入当地人的日常生活中，为他们提供智识上的指导，一起行动争取权利，为改善当地人的生活而努力。参与式的民族志研究者相信，研究者在探寻事实真相与帮助当地人解决具体的问题两者之间可以达到完美的平衡，民族志研究者在道义上应该帮助那些处境不利的人们（Thomas，1993：26）。

上述民族志研究的六个特征大抵反映了社会文化人类学发展过程中的认识论和方法论特征。尽管如此，这些特征只是一种理想上的宏观整体呈现。民族志研究的认识论和方法论并非铁板一块，不同的研究者可能会出于不同的研究主题、研究对象或分析视角，选择强调某一个或某几个方面。选择何种研究方法、何种研究策略在根本上是由研究问题、研究对象决定的。民族志研究者一方面需要继承传统人类学探索文化、社会与人性中积累下来的理念和原则，另一方面也需要在研究实践中独辟蹊径，不断推陈出新。

参考文献

埃文思-普里查德，2002. 努尔人：对尼罗河畔一个人群的生活方式和政治制度的描述［M］. 褚建芳，阎书昌，赵旭东，译. 北京：华夏出版社.

奥特娜，王正宇，2019. 晦暗的人类学及其他者：二十世纪八十年代以来的理论［J］. 西南民族大学学报（人文社会科学版）（4）：1-14.

包智明，1997. 论民族学的跨文化比较研究法［J］. 世界民族（3）：40-50.

波兰尼，2017. 个人知识：朝向后批判哲学［M］. 徐陶，译. 上海：上海人民出版社.

布儒瓦，2009. 生命的尊严：透析哈莱姆东区的快克买卖［M］. 焦小婷，译. 北京：北京大学出版社.

陈学金，2013."结构"与"能动性"：人类学与社会学中的百年争论［J］.
贵州社会科学（11）：96-101.

陈学金，2018. 中国民族教育研究的历史视野［J］. 民族教育研究（3）：
11-13.

邓启耀，德费尔，2016. 一个场景，几重观看：列维-斯特劳斯与卡斯特
罗·法利亚的民族志摄影［J］. 民族艺术（6）：35-41.

费孝通，2009a. 费孝通全集：第六卷［M］. 呼和浩特：内蒙古人民出
版社.

费孝通，2009b. 费孝通全集：第十七卷［M］. 呼和浩特：内蒙古人民出
版社.

格尔茨，2013. 烛幽之光：哲学问题的人类学省思［M］. 甘会斌，译. 上
海：上海人民出版社.

格尔茨，2014. 文化的解释［M］. 韩莉，译. 南京：译林出版社.

格伦菲尔，2018. 布迪厄：关键概念［M］. 林云柯，译. 重庆：重庆大学
出版社.

哈贝马斯，1999a. 认识与兴趣［M］. 郭官义，李黎，译. 上海：学林出
版社.

哈贝马斯，1999b. 作为"意识形态"的技术与科学［M］. 李黎，郭官义，
译. 上海：学林出版社.

哈里斯，1988. 文化人类学［M］. 李培荣，高地，译. 北京：东方出
版社.

哈里斯，1989. 文化唯物主义［M］. 张海洋，王曼萍，译. 北京：华夏出
版社.

哈里斯，1990. 母牛·猪·战争·妖巫：人类文化之谜［M］. 王艺，李红
雨，译. 上海：上海文艺出版社.

哈里斯，马光亭，2006. 主位与客位辨异的评说与意义［J］. 民间文化论坛（4）：80-90.

赫茨菲尔德，2009. 人类学：文化和社会领域中的理论实践［M］. 刘珩，石毅，李昌银，译. 北京：华夏出版社.

基辛，1988. 文化·社会·个人［M］. 甘华鸣，陈芳，甘黎明，译. 沈阳：辽宁人民出版社.

吉登斯，2015. 社会理论的核心问题：社会分析中的行动、结构与矛盾［M］. 郭忠华，徐法寅，译. 上海：上海译文出版社.

科塔克，2014. 人性之窗：简明人类学概论：第3版［M］. 范可，等译. 上海：上海人民出版社.

拉波特，奥弗林，2009. 社会文化人类学的关键概念：第二版［M］. 鲍雯妍，张亚辉，译. 北京：华夏出版社.

拉德克利夫-布朗，2002. 社会人类学方法［M］. 夏建中，译. 北京：华夏出版社.

李亦园，1976. 文化比较研究法探究［J］. 思与言（5）：1-13.

列维-斯特劳斯，2005. 图腾制度［M］. 渠东，译. 上海：上海人民出版社.

列维-斯特劳斯，2006. 结构人类学［M］. 张祖建，译. 北京：中国人民大学出版社.

列维-斯特劳斯，2009. 忧郁的热带［M］. 王志明，译. 北京：中国人民大学出版社.

林顿，2007. 人格的文化背景：文化、社会与个人关系之研究［M］. 于闽梅，陈学晶，译. 桂林：广西师范大学出版社.

林耀华，1999. 林耀华学述［M］. 杭州：浙江人民出版社.

刘东，2009. 中国学术：总第二十五辑［M］. 北京：商务印书馆.

马凌诺斯基，2002．西太平洋的航海者［M］．梁永佳，李绍明，译．北京：华夏出版社．

莫斯，2005．礼物：古式社会中交换的形式与理由［M］．汲喆，译．上海：上海人民出版社．

瑟维斯，1997．人类学百年争论：1860—1960［M］．贺志雄，等译．昆明：云南大学出版社．

石之瑜，2005．社会科学知识新论：文化研究立场十评［M］．北京：北京大学出版社．

史密斯，2005．文化：再造社会科学［M］．张美川，译．长春：吉林人民出版社．

孙立平，2000．"过程-事件分析"与当代中国国家-农民关系的实践形态［M］//清华大学社会学系．清华社会学评论：特辑．厦门：鹭江出版社：1-20．

泰勒，1992．原始文化：神话、哲学、宗教、语言、艺术和习俗发展之研究［M］．连树声，译．上海：上海文艺出版社．

滕星，2001．文化变迁与双语教育：凉山彝族社区教育人类学的田野工作与文本撰述［M］．北京：教育科学出版社．

王铭铭，2005．西方人类学思潮十讲［M］．桂林：广西师范大学出版社．

威廉斯，2011．文化与社会：1780—1950［M］．高晓玲，译．长春：吉林出版集团有限责任公司．

伊格尔顿，2006．文化的观念［M］．方杰，译．南京：南京大学出版社．

朱家雄，1991．中、日、美三种不同文化中的学前教育［J］．幼儿教育（2）：2-3．

庄孔韶，2004．人类学通论：修订版［M］．太原：山西教育出版社．

庄孔韶，2005．"虎日"的人类学发现与实践：兼论《虎日》影视人类学

片的应用新方向 [J]. 广西民族研究 (2): 51-65.

庄孔韶, 2006. 人类学概论 [M]. 北京: 中国人民大学出版社.

庄孔韶, 2008. 人类学经典导读 [M]. 北京: 中国人民大学出版社.

ERIKSEN T H, NIELSEN F S, 2001. A history of anthropology [M]. London: Pluto Press.

GORSKI P S, 2013. What is critical realism? And why should you care? [J]. Contemporary Sociology (5): 658-670.

HARRIS M, 1998. Theories of culture in postmodern times [M]. Walnut Creek: AltaMira Press.

KROEBER A L, KLUCKHOHN C, 1952. Culture: a critical review of concepts and definitions [M]. Cambridge: Harvard University Press.

PIKE K, 1990. On the emics and etics of Pike and Harris [M] //HEADLAND T N, PIKE K, HARRIS M. Emics and etics: the insider/outsider debate. Newbury Park, CA: Sage Publications: 28-47.

SPINDLER G D, 1970. Being an anthropologist: fieldwork in eleven cultures [M]. New York: Holt, Rinehart and Winston.

THOMAS J, 1993. Doing critical ethnography [M]. Newbury Park: Sage Publications.

TOBIN J, WU D, DAVIDSON D, 1989. Preschool in three cultures: Japan, China, and the United States [M]. New Haven: Yale University Press.

VAN VELSEN J, 1967. The extended case method and situational analysis [M] //EPSTEIN A L. The craft of social anthropology. London: Tavistock Publications: 129-149.

WHITING B B, 1963. Six cultures: studies of child rearing [M]. New York: John Wiley and Sons.

第三章

田野工作：资料的搜集

民族志研究者在选择田野地点时并没有一成不变的模式。研究者身份、研究项目的性质、研究对象的特征、研究内容的广度和深度、研究经费数量都是在选择田野地点时要权衡的因素。在人类学的历史上，田野地点存在一个等级性序列。田野地点选择被认为不仅与研究者专业能力和获取经费的能力有关，而且可能影响研究者未来的求职。到异域族群做田野被许多人视为理想选择。（古塔 等，2005：16-18）当前，民族志研究者在选择、确定研究田野地点时，通常最看重两个因素：一是研究者的身体条件、精力、时间、经费等能否承担得起；二是能否利用正式渠道或各种私人关系进入田野地点。一般情况下，只要该地点是研究者"承担得起"和"能够进入"的，就可以作为田野地点。一个研究课题可以有一个或多个田野地点。

民族志研究者进入田野地点后，要适应陌生环境，与研究对象建立融洽关系，调控自我与不同身份他者的互动，近距离观察并与不同的他者攀谈。研究者在田野工作中做的一切都是为了获得真实可靠的研究资料。很多导师会告诫那些初入门的田野工作者：研究者不是到田野中"收集资料"，而是"搜集资料"。言外之意是指，获得有用的经验材料绝非轻而易举之事。田野工作需要耐心和不辞辛劳的品质。中国人经常说，要听懂说话者的"言外之意"或"弦外之音"。其实，田野工作者不与当地人长时间相处，不与他们打成一片，做到这一点是不容易的。艺术评论家苏珊·桑塔格（Susan Sontag）认为，人类学是那种并不要求人们牺牲自身的英雄气概的罕有知识行业之一（桑塔格，2003：84-85）。借用并充实桑塔格的表达，一名出色的民族志研究者需要具备勇气、对冒险的热爱、身体的吃苦耐劳，以及聪慧而冷静的头脑。

一、进入田野前的准备

在正式进入田野地点之前，基础工作就应该有条不紊地展开。这些基础工作至少包括与研究主题相关的信息与理论上的准备，和与田野工作相关的物质准备两部分。首先，田野工作之前最重要的工作莫过于搜集、阅读、梳理已有相关研究，了解他人在该研究领域已做的主要工作和仍然存在的问题。民族志研究者要撰写一篇高质量的文献述评，然后制订自己的研究计划，并与学术同行分享，吸收合理的意见和建议，完善田野工作方案。其次，研究者要利用各种渠道提前了解田野地点的有关情况。《礼记·曲礼》中有一句话："入竟而问禁，入国而问俗，入门而问讳。"意思是指，进入别国国境要问清当地的禁忌，到了别国要问明当地的风俗，进了别人家门要问问人家有什么避讳。（胡平生 等，2017：51，53）这三条规则可以作为民族志研究者的金科玉律。入国问禁、入乡随俗是民族志研究者尊重当地文化、虚心向当地人学习的一种体现。在进入田野之前，就应该通过多种渠道"问禁""问俗""问讳"。

如果到国外开展调查，还要面临各种审查和批准。民族志研究者必须按照东道国的要求准备材料，遵从不同层级的要求，获得当地政府、社区和组织的许可。如果到国内的外省区从事调查工作，也要通过网络、书籍、熟人提前了解这个地区的自然生态、人口、经济、人文等方面的信息。如果要针对城市社会的某个人群做调查，则需要提前了解这一人群的规模、组织结构、权威体系、交往规则等等。无论到何处进行田野工作，都必须获得被调查者的"知情同意"。研究者必须将研究目的、研究主题、田野工作程序、研究成果使用去向、研究可能带来的影响、保护隐私的策略等告知被调查者，获得对方的理解和同意后才能开展工作。

在田野工作之前全面检索田野地点的相关讯息，搜集和阅读已有相关文献，往往可以使田野工作达到事半功倍的效果。2016年至2019年，我在从事一项以"农村社区治理与传统文化复兴"为主题的研究项目时，计划对华北农村多个乡镇和下辖村庄进行实地调研。在调研之前，为了解各乡镇的基本情况，我通过检索政府网站和微信公众号了解各乡镇近五年的新闻，结果收获颇丰。以 Z 镇为例，我不仅了解到该镇"正家风、清村风、淳民风"活动的开展背景、主要内容和发展历程，而且关注到该镇历年的工作重点和工作策略。这为我有针对性地开展深度访谈奠定了坚实的基础。

初入田野的新手，不要希冀在田野中写下完整的笔记。我通常将我的田野笔记本分为左、中、右三栏：第一栏主要记录时间、地点和人物，第二栏记录关键事件和当事人的核心话语，第三栏记录自己在田野中的灵感、疑问和其他想法，如图 3-1 所示。在进入田野之前，就要画好笔记本上的三栏，左、右两栏宽度可大致相当，中间一栏要宽一些。当然，田野中的记录大多是自己能看懂的简单摘要或速记，这些简单摘要或速记为在电脑中写正式的田野笔记提供参考。在获得当事人许可的情况下，要留下尽可能多的音频和视频资料，这是田野速记的重要补充。研究者最好在田野观察结束的 24 小时之内写下完整的笔记，而且在写完正式的田野笔记之前不要和任何人讨论田野中的见闻。整理田野笔记是一件耗费时间和精力的工作，通常需要花费田野观察两至三倍的时间才能完成。为了避免时间冲突和过度劳累，民族志研究者一定要合理安排好自己的田野工作时间。

无论研究什么主题，也无论通过什么渠道进入田野，当民族志研究者第一次进入田野时，肯定会有一点兴奋，同时会有一些忧虑。这些忧虑往往是多个方面的综合。袁同凯是一位教育人类

左栏	中栏	右栏
时间、地点、人物。	关键事件和当事人的核心话语。	灵感、疑问、其他想法。

图3-1　田野笔记的分栏记录格式

学家，2000 年 7 月，他背着行囊，满怀信心走向广西大桂山脉深处，打算研究土瑶学校教育。而在进入土瑶山寨之前，一些好心的政府官员一再劝阻他，这使他的心情非常矛盾。他在一处行文中写道：

　　笔者进土瑶山寨考察之前，在鹅塘镇采访过部分政府官员，想借此对所研究的对象有个大致的了解。在他们的表述中，土瑶山区道路之险恶、社区生存条件之差、土瑶人文化之"落后"是难以想象的。他们对山里土瑶人的描述，曾一度动摇过笔者进山的信心：是否值得冒险去了解土瑶人？山里缺医少药，万一得了急病怎么办？丛林中甚至房屋的木梁上随时都会有毒蛇出没，不小心被毒蛇咬了怎么办？群山峻岭之中人烟稀少，走村串寨时被歹人抢劫怎么办？山里性病流行，染上性病怎么办？在笔者进山之前，诸如此类的问题一直困扰着笔者。（袁同凯，2004：285）

但是出于专业上的敏感和人类学者的执着，袁同凯分两个阶段广泛走访了鹅塘镇和沙田镇的土瑶村寨，翔实记录了村寨的人口、家庭规模、婚姻圈、社会关系网络、学校教育等方面的情况。虽然在最初的一段时间里遭遇了疥疮和缺医少药等生理上与心理上的困境，但是他还是经受住了各种挑战。其实，与前辈人类学家相比，当代人类学者的田野工作已经容易得多。林耀华先生在 1943 年初次上凉山调查时险象环生，即便经过盟誓请了黑彝保头和翻译做向导，也还是要经常攀山越岭，时常面对狂风骤雨以及被劫掠的风险（林耀华，1995：111-128）。

"进入田野"意味着无论愿意与否，研究者一定会嵌入被研究社群的权力网络之中。研究者作为一种外部的力量，肯定会破坏被研究社群的权力平衡。研究者会受到一些人的欢迎，也必然会遭到一些人的反对和抵制。因此，民族志研究者最好将研究对象群体假定为一种普遍竞争和冲突的存在。智者千虑，必有一失；愚者千虑，必有一得。为预防可能出现的工作疏漏，民族志研究者在出发前可多向师长、朋友、家长征询建议。美国社会学家丹尼尔·F. 钱布利斯（Daniel F. Chambliss）提出成功的田野研究需要注意的九个问题，值得每一位田野工作者牢记于心。

1. 用简单的一句话向他人解释你的研究计划。记住：人们会对你的研究内容感到好奇，但是没有人想要听你的长篇大论。

2. 做好自己。不要隐瞒自己研究者的身份。首先，隐瞒身份那是不对的；其次，当身份被揭露后，尝试建立的信任将被摧毁。

3. 不要干预。在你来之前他们生活得很好，不要干扰当地人的生活方式。不要当一个令人讨厌的人。

4. 倾听，而且是主动倾听。对研究对象所讲的，要由衷地感兴趣。电影明星、政治人物和其他名人习惯于让其他人听他们讲话，但是，对大多数人而言并非如此。如果你真的用心倾听，那么研究对象会告诉你一切事情。

5. 尽可能多参与，抓住每一个可能的机会。即使他们的聚会或葬礼在凌晨 3 点开始，还要步行 5 英里①，都要尽量参加。假若为了 15 分钟的访谈花了 5 小时的路途劳顿，那么他们会注意到的，然后告诉你想知道的一切。

6. 关注所有的事项，尤其是你感到厌烦的时候。那是重要的事物出现的时候，而且是没有人注意到的事物。

7. 要格外审慎地保护好你的信息报道人。在别人传说你是

---

① 1 英里约等于 1.609344 公里。——引者注

一个值得信任的人之后，你就别再指望有人会告诉你什么信息了①。

8. 当天就要把所有的观察内容记录下来。待到第二天，你将会忘记90%最好的素材，而且永远记不起来。

9. 时时都要记着，研究对象才是主角。不要炫耀你的小聪明、洞察力或是消息灵通；不要成为人们关注的焦点；不要总想着自己，要关注你的研究对象。（Chambliss et al.，2015）

中间人的引荐或介绍可以使研究者较快速地融入某个人群，因此研究者在行动前有必要找一个或数个中间人。在某种意义上，中间人的地位决定了进入被研究社群的速度，也决定了研究者被重视和被接纳的程度。如果缺少有分量的中间人的引荐，研究者在初入田野时可能不会被重视，不会被当地的"大人物"接见。中间人可能是研究者的师长、朋友、同学或有亲属关系的人。如果是政府资助或支持的项目，要尽可能寻求政府相关部门的支持。中间人也可以成为报道人，他们可以在短时间内让研究者了解当地的基本情况，还可能会提示一些需要关注的重点人物或事项，以及一些习俗禁忌。研究者与中间人的交往要以诚相待，研究者要用最精练的语言表述自己的研究目的和研究主题。而且，在进入田野之后，研究者对当地人的表述要始终一致。任何可能自相矛盾或含混不清的表述，都可能会招致当地人的不信

---

① 意指研究者要处理好与一个群体内部不同成员的关系。

任，也会同时影响中间人在当地的威信。若是政府相关部门出面作为中间人，基层部门会更加重视，初入田野的过程会更为正式。民族志研究者要完全融入当地社群需要经历一个过程。在田野工作中，一些中间人或报道人可能会强势地替研究者安排某些行程，这时研究者需要放下不满或愤懑，适应性地接受这种安排，多数情况下会有意想不到的收获（陈学金，2022）。

二、参与观察

进入田野之后，民族志研究者要进行一系列的观察、访谈。在最初和相当长的一段时间内，民族志研究者要调查和理解被研究群体和社区的总体性结构与特征。这种总体性结构包括但不限于以下元素：自然生态条件、人口数量、性别和年龄分布、生计方式、组织结构、支配与权威类型、互动模式、行动者的类别和主要关切、矛盾与冲突、群体规范、价值信念（见图3-2）。同时，民族志研究者要特别关注被研究群体与外部社会的联系，以及外部世界对社区内部的影响。分析被研究社群的总体特征，可以从一种内外、上下互动和变迁的视角重点关注以下五个事项：（1）外界的影响、利益和意向；（2）社群内外的文化接触和当地文化的变迁与发展；（3）社群内部的传统文化的保留情况；（4）社群内部对本土文化的重构；（5）社群自发的整合与对外界反应的新力量（费孝通，2009d：224-250；Malinowski，1958：75-76）。

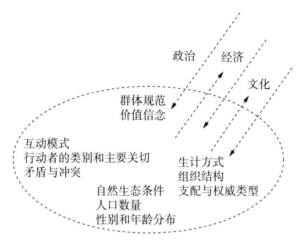

图 3-2　分析被研究社群的总体结构与特征

参与观察（participant observation）是田野工作最根本的方法，也是田野工作区别于田野调查的标志之一（范可，2022）。当民族志研究者进入田野，他就成为一位参与观察者。参与观察强调研究者与研究对象长期生活在一起，但在现实中，大多数民族志研究者都不是长期定居者，而是有目的的、有计划的短期资料搜集者（袁同凯，2004：48）。民族志研究通常要求研究者在当地生活一年以上，至少要经历一个生产或生活周期。

参与观察者（participant observer）包含一系列的角色，按照涉入当地事务的程度，我们可以做一条线段，左边端点代表完全的观察（complete observation），右边端点代表完全的/隐蔽的参与（complete /covert participant）。完全的观察者几乎不参与研究对象或群体的活动，只做观察；隐蔽的参与者参与被研究群体的所有活动，而不影响现场的情境（Chambliss et al.，2015：205-207）。许多田野工作者会在不同的情境中调节自己介入研究对象活动的深度，在某些场合以观察者的姿态出现，在另外一些场合则以参与者的形象出现。

人类学家马林诺夫斯基认为，具有科学价值的民族志材料包括两个方面的内容：一是直接观察到的以及当地人的陈述与解说；二是研究者依据常识和心理洞察力得出的推论（Malinowski，2005：2-3）。马林诺夫斯基将长时间参与观察和倾听当地人陈述并置于一起，取代了将"道听途说"和中间人的讲述作为研究依据的做法，将研究者自身作为研究工具，从而为人类学研究奠定了坚实、可信的事实基础。马林诺夫斯基对他融入特罗布里恩德群岛土著村落进行直接观察的过程进行了如下描述。

在我把自己安顿在奥马拉卡纳（Omarakana，特罗布里恩德群岛）之后不久，我就开始融入到村落生活之中，去期盼重大的或节日类的事件，去从闲言碎语以及日常琐事中寻找个人乐趣，或多或少像土著那样去唤醒每个清晨，度过每个白天。我从蚊帐里爬出来，发现我身边的村落生活刚刚开始躁动，或者人们因为时辰和季节的原因已经提前开始工作，因为他们起床和开始劳作的早与晚是根据工作需要而来的。当我在村落中漫步时，我能看到家庭生活的细节，例如梳洗、做饭、进餐等；我能看到一天的工作安排，看到人们去干他们的差事，或者一帮帮男女忙于手工制作。争吵、说笑、家庭情景，这些通常很琐细、偶尔具有戏剧性但却总是有意义的事情，构成了我的，也是他们的日常生活氛围。应当记住，土著们每天频繁地看见我，便不再因我的出现而好奇或警惕，或被弄得忸怩不安，我也不再是我所研究的部落生活的一个干扰因素，我的突然接近也不再像一个新来者对每一个蛮族社区总会发生的那样会改变它了。事实上，在他们知道我会窥测每一件事情，甚至窥测一个有教养的土著做梦也想不到的地方时，他们就干脆把我当作生活中一个令人讨厌而又无伤大雅的部分，只有我给他们烟时，这种感觉才稍有缓解。

后来，无论白天发生什么事，我都唾手可得，它们根本无法逃脱我的注意。黄昏时分，巫妖到来的讯号、社区内一两宗重大的争执、疾病案例、治疗与死亡、巫术仪式等必然上演的事，我都不必刻意追寻，这样说吧，它们就发生在我的鼻子底下，发生在我自己的门槛前。应当强调的是，无论何时，任何戏剧性的或重要的事件，在其发生的当时就要加以考察，因为土著们按捺不住要谈论这事，他们过于兴奋因而无法再保持沉默，太感兴趣因而不再懒于提供细节。我也经常违反礼节，那些土著人由于对我足够熟悉，会毫不迟疑地指出来。我必须学着如何行为，而且在一定程度上，我有了何谓举止好坏的"感觉"。加之我已经能从他们的陪伴中得到愉快并能参与他们的游戏和娱乐，我开始感到我确实是与土著人接触上了。这当然正是田野工作得以成功的初始条件。（马凌诺斯基，2002：5-6）

　　为了获取更多有价值的资料，马林诺夫斯基的观察不错失任何时机，也不错失任何细节，有时还冒着违反当地礼仪风俗的风险。不过，当他在田野工作中的逢疑必问与违反礼节成为一种常态时，当地人也就见怪不怪了。在方法论层面，马林诺夫斯基认为，民族志研究者不应当只是"守株待兔"（spread his nets in the right place），还必须像一个积极主动的猎人，四面出击，把猎物逼进网中；或者跟随线索，直抵最不可能接近的巢穴（Malinowski，2005：7）。

　　人类学家埃文思-普里查德对努尔人的研究在很多情况下运用了直接观察的方法。在20世纪30年代，他对尼罗河畔的田野调查是分几个阶段完成的，他在努尔人中生活的时间总共约有一年。但他仍认为，要对一个人群进行研究，一年的时间是不够的（埃文思-普里查德，2002：16）。关于在努尔人中的生活与研究过程，他写道：

　　除了在整个研究过程中一直身体不适，在研究初期遇到了猜疑和不断拒抗、没有翻译人员、缺少足够的语法和词典以及未能找到通常的那种信息提供者以外，随着研究的进行，还产生了另外一个困难。当我与努尔人的关系较为友好、对他们的语言比较熟悉时，他们便不断地来探访我，男人、女人、男孩子，从清晨到深夜，我的帐篷里几乎每时每刻都有前来造访的人。当我开始与一个人谈起某一习俗时，另外一个人常常会打断我们，谈起他自己的事，或是讲些笑话。男人们往往在挤奶的时间来，其中有些人一直聊到中午。接下来是女孩子，她们刚刚挤完奶，到这里来非要让我注意到她们不可。已婚妇女不是这里的常客，但假如没有成年人前来把他们赶走的话，那些男孩子们一般会在我的帆布篷中久留不去的。对于这些无休止的造访，我必须不断地开些玩笑来加以应付，工作也总是被中断，尽管这为我提高关于努尔人语言的知识提供了机会，却给我带来了很大的负担。不过，如果一个人想在努尔人的营地中住下来，他就必须听命于努尔人的习俗，而努尔人是坚持不懈的、不知疲倦的造访者。这给我带来的最大的不便在于，我的一举一动都暴露在大庭广众面前，很长时间以后，我才对此有点适应。不过，要在一群观众面前，或是在这个营地的人们的众目睽睽之下进行最为隐私的活动，对我来说，始终未能完全习惯。

由于我的帐篷总是在努尔人的家宅或风屏的中间，而且我的调查不得不公开地进行，因此，我很少能够与他们进行秘密的谈话，也从未成功地训练出能讲述一个主题并给出详细的描述和解说的信息提供者。不过，这一点可以由我所被迫与努尔人建立起来的亲密关系所弥补。由于我不能使用那种通过固定的信息提供者来获取材料的更为简便而省时的方法，我不得不对这个人群的日常生活进行直接观察和参与。从我的帐篷的门里，我可以看到营地或村落中所发生的一切事情，而且每一时刻都有努尔人在我身旁相陪。这样，我所遇到的每一个努尔人都被当作一种知识来源而得到利用，通过这种方式，我零零碎碎地把信息收集起来，而没有像看上去的那样，似乎是挑选出信息提供者，对他们进行训练，再由他们把信息大块大块地报告出来。因为我不得不与努尔人进行这么密切的接触，所以，尽管我能够对亚赞地人作出详尽得多的描述，但我对努尔人的了解要比对亚赞地人更为深入。亚赞地人不让我像他们自己那样生活，努尔人却非要我像他们那样不可。在亚赞地人那里，我被迫住在他们的社区之外，而在努尔人那里，我不得不成为他们社区的一员。亚赞地人把我看成地位优越的人，努尔人却把我看成地位平等的人（埃文思-普里查德，2002：16-17）。

埃文思-普里查德坦陈自己并未成功训练出一个信息报道人，并被迫与努尔人建立亲密关系，站在帐篷门口观察努尔人的日常生活。对于他来说，观察与访谈相比，范围更广泛，也更具客观性。通过这些叙述，我们仍能够洞察那个时代人类学家的田野工作方法以及他们对部落人民的情感与态度。不过，即便如此，埃文思-普里查德紧接着非常自信地宣称："我相信，我已理解了努尔人的主要价值观念，并能对他们的社会结构作出真实的概括。"（埃文思-普里查德，2002：17）格尔茨评价埃文思-普里查德的民族志就像放映幻灯片一样，在多数情况下是一种旁白式的平实叙述风格，不容读者有半点怀疑（格尔兹，2013：70-102）。更为重要的是，在《努尔人》一书中，这种自信、不容置疑的叙述并非一处。雷纳托·罗萨尔多指出，正是这种叙述和修辞方式，树立起民族志作者的权威，同时也暴露了民族志知识生产中的不平等关系（克利福德 等，2006：110-135）。不过，退一步而言，埃文思-普里查德也是生活在部落人中间的，只是出于种种原因，他倾向于相信他所见到的事实。对于一部出版于1940年的民族志作品来说，直接交代田野工作的过程已经值得人们称赞。一直到现在，人类学家仍然格外重视参与观察，他们认为，只有身临其境、目见耳闻、感同身受，才能在持续的观察中发现隐匿的社会现实和验证研究对象表述的虚实。

1935年9月，刚从清华大学获得硕士学位的费孝通与新婚妻子王同惠一同到广西瑶山做田野调查，测量当地人的体质特征。他们的田野工作开创了中国人类学家两性合作开展调查的先河，在某种程度上实现了性别优势的互补。与埃文思-普里查德站在帐篷门外的观察不同，费孝通在这次田野调查中，进入当地人的家中，与当地人推杯换盏。当年10月底，他们进入象县东南乡王桑村，在那里工作了三日。费孝通当时牢记其师史禄国的教诲，"在一生人面前，不能畅怀豪饮，无形中就会主客之中造下一道心理上的隔膜和怀疑"（费孝通，2009a：332）。费孝通详细记录了初次与王桑村人接触时的场景。

在一片鸡鸣声中，我们到了王桑，已近黄昏时节。村落是向西靠山而成。有竹篱和矮墙围着。土屋比邻，间以方形的谷仓，一层层的靠山房屋，远地里就可以窥见村落的全貌了。

王桑是花蓝瑶的村落，姓胡。在发式上可见他们的特点。

…………

我们到后就被引到村长的住宅，房子都用黄泥混着石子打成墙，用瓦或树皮作顶，再用竹子编成晒台，全村的房屋建筑的形式大致相同。进门南向，正屋西向，正屋前有一晒台。房屋多没有窗，屋东南角是煮东西的灶头，没有烟囱，所以满屋都熏得黑洞洞的。东北角放着锅子，打米的臼，和其他杂物。正中向门有木壁，中门放着香炉，祭供祖先的地方，但没有神位，下面就放着一长几，接着一方桌，我们就坐在方桌旁边。他们自己人起坐的地方是在西南角，堆着一堆火，大家就围着取暖、吸烟、谈笑。角里就铺着床，有 1 公尺①高，用席作褥。西北角有的家里用板壁隔成一小屋亦作卧室。

我们到时，村长还在外工作未归，他们的媳妇在那里煮饭给我们先到的挑夫们吃。挑夫毫不客气地大碗盛着，据说是不用花钱，因为瑶人到汉人家里亦可自由吃饭，这是民族的礼仪。

不久，在外工作的男女们都回来了。村里人都知道客到，带着米来问讯，客人所用的米是全村大家供给的。那时天已经黑了，他们没有灯，就用松木条燃着火取光。松木条就放在铁片或铁丝结的网上。松木燃着时，放出一种令人想到年景的香气。融融一室，主客欢笑，多年没有回过乡的我，在这种香气中，更觉得人情的深厚了。

我们自己煮了带来的香肠腊肉，他们温了酒，团坐一桌，主客倾杯，真是一见如故。依他们的风俗，要表示好感，就得两人在对方的手中，互相干杯。要做民族学研究工作的人，不会喝酒是不成的，史禄国先生已屡次劝过我学习。在一生人面前，不能

---

① 1 公尺等于 1 米。——引者注

畅怀豪饮，无形中就会主客之中造下一道心理上的隔膜和怀疑。这时我才感觉到喝酒的重要了。而且在半醉之中，交涉事情也容易获得同意。通古斯人因为断了酒，两年中没有讲成一件婚事。瑶人也是善饮的豪客，我是三杯见色，比他们差得远，幸有同行的张科员，量还好，尚可对付。他们喝的是自制的白酒，没有海甸的莲花白凶。

换过了杯，我们就开始猜拳。猜拳的一种玩艺流布真广。瑶人中普通男子都能猜三拳，他们的规矩是四次算一段落，四四十六次才结束。

王桑的瑶人男子都能说一些广西官话，所以我们在言语上，尚能粗粗达意。我们又学了几句瑶话，说得不很像，引得他们呵呵大笑。这晚上，我喝得有些醉意了。在醉意中，他们也明白我们的来意，并不是难为他们，并且允许我们测量他们的人体。

饭后，我们被领到一所新造的房屋里，比较考究，正屋的对面，隔一间道，有一个三门房的楼，楼下是猪、牛、鸡的卧室，上面南间就是我们的客房，因为这屋是新造的，所以有一个小窗，而且屋内没有生过火，不像正屋那样熏得像在烟囱里一般。中间出去就是晒台。每间大约有 3 米阔 5 米长。刚够我们两张床，瑶人很忌客人夫妇同居，是一种"他不"（taboo，即禁忌）。他们本来打算叫我和同惠分住两室，后来找不到地方，又经张科员向他们说明我们不破他们的规矩，才迁就过去。（费孝通，2009a：330-332）

费孝通和王同惠初入花蓝瑶村落，对村落的布局、花蓝瑶人的发式特征、房屋构造与屋内陈设等做了细致的描绘。这些细节充分反映了人类学者对异文化观察的敏感性和全面性。上述民族志片段还叙述了研究者与当地人一同吃饭、喝酒的过程，在经过这些过程之后，研究者获得了当地人的信任。费孝通也感慨："这时我才感觉到喝酒的重要了。而且在半醉之中，交涉事情也容易获得同意。"（费孝通，2009a：332）他也毫不讳言，这项研究得到了政府的支持，而且有基层政府工作人员和挑夫的陪同。这是他们顺利进入村庄，得到盛情款待的重要缘由，但是这并不能泯没人类学者主动融入和了解当地社会的学术热情。当他们知道当地人的禁忌时，主动说明不破坏他们的规矩。在接下来测量体质的过程中，费孝通还通过分发药品、为小孩画像、敬卷烟、学习当地语言等方式加强和当地人的互动。

很多社会科学家不满足于一年的研究期限，运用一种持续性或跟踪式的参与观察法，即每隔一年或几年就到当地生活一段时间，以了解某个人群或社区的发展变化，从而在最初的研究成果的基础上发展出很多后续研究成果。例如，费孝通曾经20余次重访江村，发表了《重访江村》《三访江村》等一系列研究成果。林耀华曾三上凉山彝族社区（1943年、1975年和1984年），并安排自己的学生继续做跟踪研究（林耀华，1995）。正是因为这种持续性的跟踪研究，许多人类学家与他们的研究对象建立了终身的友谊。

三、深度访谈

人类学家要观察当地人是如何"做"与"行动"的，绝不能仅仅满足于他们是如何表达的（范可，2019）。参与观察的优势在于"眼见为实"，可以辨别报道人提供信息的真伪，并且可以不断发现新的有价值的问题。在参与观察中，研究者很容易对一些器物名称、行为意图、社会关系、历史演变等产生疑问，不明就里。这时就需要利用访谈的方法。民族志研究常用的访谈方法包括深度访谈和焦点团体访谈。

田野工作者建立在长时间参与观察基础上的访谈都可以被视为深度访谈。在人类学家视野中，参与观察和深度访谈总是相伴而行的。人类学家认为，在涉及对重要人物和事件的评价、自身行动的真实动机、行为背后的隐含观念等方面，初次谋面的报道人不会轻易向研究者敞开心扉吐露实情，报道人也会担心他们发表的观点会给他们个人和群体带来不良后果。人类学家同时相信，被研究者只有在充分信任研究者之后，才会全面、深入地表达自己的观点。因此，民族志研究者对于被研究者回避的可能带有敏感性的问题，不宜揪住不放、刨根问底。最有效的方法是暂时悬置起来，等待关系更加密切后再做讨教。当然，研究者也可以进一步澄清研究目的和研究伦理，或者通过旁敲侧击、迂回路线、多方访谈等策略探求事实。

深度访谈有赖于访谈对象的合作意愿及其拥有的能力。人类学家保罗·拉比诺（Paul Rabinow）提醒民族志研究者，应该对访谈对象、报道人或资讯人的工作处境有一个理性的认识。拉比诺写道："资讯人被以不同的方式要求去思考他自己的世界的某些特定方面，然后必须学会找到合适途径，来向某个其文化的局外人描述这些他最近才留意的对象。而这个外来者与他的共识很少，而这个人的目的和做事方式又是他所不清楚的。"（拉比诺，2008：145）正是通过回答研究者的问题，资讯人的自身经验得以外化或客观化（拉比诺，2008：145-146）。因此，深度访谈是在一种跨越社会文化边界的情境中借助追问、反思和不断重新定位，解释事实和建构事实的过程。

田野工作中的深度访谈是自然情境中的互动行为，是一种渐进的过程。它包含如下一些内涵：研究者逐步获得研究对象的信任，被研究者逐步敞开内心发表观点；参与观察与访谈不断穿插、循环、交汇，研究者逐步了解事实真相的过程；各种正式访谈和非正式的谈话、交流的集合；在不同场景中围绕相关的主题与被研究者不断展开对话的过程；对不同主体进行访谈和验证真伪的过程。

深度访谈往往可以突破研究者的预先假设，跨越研究问题的预设边界，开拓新的思路与问题。民族志研究者的每一次深度访谈都可能会经历一个从结构性访谈到半结构性访谈，再到开放性访谈的过程。这种访谈性质的微观变型实质上是研究者步步深入社会现实，重新聚焦研究问题，丰富视野和脉络，尝试搭建理论框架的过程。为了避免研究者将自身的理论世界强加给研究对象，研究者要努力进入被研究者的问题视阈，学着问他们在生活中问的问题，体会他们讲话时的直接与间接对象是谁，理解他们在试图回答什么更深层面的问题，探寻他们这些问题的缘起（石之瑜，2005：16）。

2008年至2009年，当我在学校场域中研究一位男教师的工作状态时遇到一个难题：每当涉及研究对象高志（化名）在学校里的生活是否幸福时，访谈进展得都比较艰难。一次，在办公室，我问他"你幸福吗"，高志直接板起脸来，冷冰冰地回复："这个问题你还问我？你问问自己！如果幸福，你为什么不做教师，要考研究生？"我顿时感到异常尴尬，感觉自己碰了一鼻子灰。之后，我不再冒傻气直接问这样的问题，转而细致观察研究对象在办公室、教室、楼道、操场、校外等不同时空中的情绪情感状态，通过这些观察来判断他的职业幸福状态。直至我撰写完民族志初稿，我才请高志阅读，并在随后进行了一场至今记忆犹新的深度访谈。

陈：自己评价生活状态，或者是幸福还是不幸福，这样说可能不太好。

高：整体上来说，应该是不幸福多一些，而天天的生活中又会让你忘了这些不幸。

陈：为什么会忘了呢？

高：我现在评价我自己是不幸的，你不可能天天带着这种不幸的心情去工作。工作起来你就开始做事了，你就忘了你怎么不幸了，但是你跳出这个圈子，离开这些场域和周围的这些人，反思自己的人生，你会评价这是一个不及格的人生。你总是需要跳出去反思自己，你不能总是在环境中反思自己。知道吗？这件事很简单，你问问自己不就完了吗？

陈：幸福不是生活琐事所能影响的，它涉及重大的问题。

高：你现在终于明白了。

陈：我对"幸福"的界定就是这样的。

高：你现在用生活琐事来反映这个问题，只是一点一点的问题，但是它们联系起来，并不是那样一个串。我总是认为幸福是一个很大的事情。

……

陈：那你不幸福的原因是什么？

高：你今天看到嘻嘻哈哈也好，表现得很和谐也好，表扬学生啊，办公室里和谐啊，领导也表扬你，很开心啊，这些东西就幸福吗？太浅层次了吧！人在一种环境中必须有一种表象。但是说起幸福不幸福，只有自己能够知道。

陈：那你认为怎么就幸福了呢？我还得问这个。

高：我怎么样就能幸福了呢？这些东西都太深层次、抽象了。人没有幸福的时候。

……

陈：你对学校所提供的这些满意吗？你认为你能达到你的目

标吗？

高：满意（这很出乎我的意料）。可我每天的工作还在继续啊。在学校里是满意的。（迟疑了一会儿，想了一会儿）可以。

高：对一个二十七八岁的人来说，现在的工作状态，没什么不满意的，学校可以提供的都给你提供了，领导也还不错，办公室的氛围也很和谐，你没有什么可不幸的，对不对？现有的工作和现有的状态，就是这样，没什么不幸的。你要非说不幸，一定要跳出这个环境，反思自己的人生，反思自己的努力，虽然，有些时候是阶段性的幸福或者不幸，但是整个的生活，往回看，还是没有太大的突破，等于没有进步，就是不幸福。就这个。

陈：我觉得你很矛盾啊！

高：这不矛盾，天天做这些事情，并没有给你带来什么不幸，但是向远一想，就没有什么前途和光明了。

陈：在一个时间维度上来看，站在现在看各方面已经很不错了，或者说各个方面都还可以；但是向后想，总是这个样子，就没有什么意思了。

高：虽然天天都干这个工作，今天干还可以，二十七八岁还行，三十岁以后再干就是失败，你觉得呢？

陈：就是说，你是站在时间的维度上看。

高：因为我觉得我也没有怎么特别努力，然后就干得不错，所以你还有什么可埋怨的啊？从外部环境来说，没有什么可埋怨的，完全是自己的问题，就没什么幸福和不幸的了。①

　　那次访谈持续了将近两小时，我至今记得访谈结束之后高志凝重的面部表情和失落的情绪，那是一种主动袒露和被动观察分析之后的空虚感与苍凉感。正是通过这次访谈，我获得了被研究者对幸福的深度理解，并进一步完善了民族志理论阐释的框架。同时，我也深刻意识到深度访谈过程是被研究者知识、情感、时间、精力多重付出的过程，尤其对于涉及生存意义、价值信念的研究主题，被研究者往往需要做出深刻的自我反思与大量的情感输出。假使研究者不能以诚相待，又如何期望被研究者毫无保留地付出呢？

四、焦点团体访谈

　　当研究者的视野扩大到乡镇、县市范围之后，为了提高工作效率，他不得不使用更集约的方法。焦点团体访谈（focus group interviews）就是其中的一种。在中国的学术脉络中，焦点团体访谈也经常被称为调查会、座谈会。

---

　　① 节选自笔者对高志（化名）的访谈，访谈时间为2009年12月25日星期五中午。文章发表时对经验材料有较大删减。（陈学金，2012：238-240）

调查会、座谈会的方法在 20 世纪二三十年代就被中国的研究者运用到学术实践中。毛泽东在革命时代的农村研究中就经常使用开调查会的方法，他在 20 世纪 30 年代初就提出"不做调查没有发言权"和"不做正确的调查同样没有发言权"的主张（毛泽东，1982：13）。毛泽东认为，"东张西望，道听途说，决然得不到什么完全的知识"，"开调查会，是最简单易行又最忠实可靠的方法"（毛泽东，1982：16）。他对开调查会的意义、程序、原则和技术有非常深刻的阐释。

1. 要开调查会作讨论式的调查

只有这样才能近于正确，才能抽出结论。那种不开调查会，不作讨论式的调查，只凭一个人讲他的经验的方法，是容易犯错误的。那种只随便问一下子，不提出中心问题在会议席上经过辩论的方法，是不能抽出近于正确的结论的。

2. 调查会到些什么人？

要是能深切明了社会经济情况的人。以年龄说，老年人最好，因为他们有丰富的经验，不但懂得现状，而且明白因果。有斗争经验的青年人也要，因为他们有进步的思想，有锐利的观察。以职业说，工人也要，农民也要，商人也要，知识分子也要，有时兵士也要，流氓也要。自然，调查某个问题时，和那个问题无关的人不必在座，如调查商业时，工农学各业不必在座。

3. 开调查会人多好还是人少好？

看调查人的指挥能力。那种善于指挥的，可以多到十几个人或者二十几个人。人多有人多的好处，就是在做统计时（如征询贫农占农民总数的百分之几），在做结论时（如征询土地分配平均分好还是差别分好），能得到比较正确的回答。自然人多也有人多的坏处，指挥能力欠缺的人会无法使会场得到安静。究竟人多人少，要依调查人的情况决定。但是至少需要三人，不然会囿于见闻，不符合真实情况。

4. 要定调查纲目

纲目要事先准备，调查人按照纲目发问，会众口说。不明了的，有疑义的，提起辩论。所谓"调查纲目"，要有大纲，还要有细目，如"商业"是个大纲，"布匹"，"粮食"，"杂货"，"药材"都是细目，布匹下再分"洋布"，"土布"，"绸缎"各项细目。

5. 要亲身出马

凡担负指导工作的人，从乡政府主席到全国中央政府主席，从大队长到总司令，从支部书记到总书记，一定都要亲身从事社会经济的实际调查，不能单靠书面报告，因为二者是两回事。

6. 要深入

初次从事调查工作的人，要作一两回深入的调查工作，就是要了解一处地方（例如一个农村、一个城市），或者一个问题（例如粮食问题、货币问题）的底里。深切地了解一处地方或者一个问题了，往后调查别处地方、别个问题，便容易找到门路了。

7. 要自己做记录

调查不但要自己当主席，适当地指挥调查会的到会人，而且要自己做记录，把调查的结果记下来。假手于人是不行的（毛泽东，1982：9-11）。

毛泽东有关调查研究的方法论主要是基于中国农村社会调查而展开论述的。其中，有关选择研究对象的方法、确定被访谈人的数量、研究者角色、制定调查提纲的论述非常深刻。尤其值得称道的是，第6条原则中隐含了一种拓展研究对象范围、扩展案例数量的思路，使调查会的方法具有了方法论上的超越性，至今仍具有重要的参考意义。毛泽东用调查会的方法调查了许多地方和问题，针对不同的县乡与研究问题，他选择的研究对象也不相同，真正做到了因地制宜、灵活运用。

我在湖南五县调查和井冈山两县调查，找的是各县中级负责干部；寻乌调查找的是一部分中级干部，一部分下级干部，一个穷秀才，一个破产了的商会会长，一个在知县衙门管钱粮的已经失了业的小官吏。他们都给了我很多闻所未闻的知识。使我第一次懂得中国监狱全部腐败情形的，是在湖南衡山县作调查时该县的一个小狱吏。兴国调查和长冈、才溪两乡调查，找的是乡级工作同志和普通农民。这些干部、农民、秀才、狱吏、商人和钱粮师爷，就是我的可敬爱的先生，我给他们当学生是必须恭谨勤劳和采取同志态度的，否则他们就不理我，知而不言，言而不尽。开调查会每次人不必多，三五个七八个人即够。必须给予时间，必须有调查纲目，还必须自己口问手写，并同到会人展开讨论。

因此，没有满腔的热忱，没有眼睛向下的决心，没有求知的渴望，没有放下臭架子、甘当小学生的精神，是一定不能做，也一定做不好的。必须明白：群众是真正的英雄，而我们自己则往往是幼稚可笑的，不了解这一点，就不能得到起码的知识。（毛泽东，1982：16-17）

在田野工作中，当研究者想了解不同类型的人的行为方式、动机、观点及价值观念时，焦点团体访谈是一种节约时间、精力且高效的访谈方式。在焦点团体工作中，研究者是组织协调者、观察者、话题引导者和记录者。焦点团体访谈的参与者在某一方面具有同质性，例如他们都在同一村庄居住，或者都从事相同的工作，或者都关心某一相同的问题。如果研究者想了解不同的人对同一个问题的看法，可以将访谈对象分成不同的群组依次进行访谈，分组的标准可以是年龄、性别、收入、受教育水平、地位、家庭规模等（克鲁杰 等，2007：21）。在选择一个焦点团体成员时，为了避免访谈对象不敢发表真实观点，应避免具有上下级关系、利害关系的人员同时参加一场活动。

焦点团体访谈的提纲是按照一定的逻辑顺序组织起来的问题条目。问题条目不宜过多，一般控制在五条以内为宜。问题设计应力求简洁明了，易于理解和回答。为了便于了解发言人的背景，可以要求发言人简要介绍自己的基本信息，如出生年、籍贯、学历、职业岗位、家庭情况等，这些信息将有助于后续的案例分析。

为保证每位参与者都有平等分享的机会，焦点团体访谈可以分两个阶段：第一个阶段，每位参与者按照调研提纲依次发表自己的观点；第二个阶段为进一步追问和深度访谈阶段。为创设一个平等交流的会场氛围，在暖场环节，研究者需要简要介绍研究目的，说明访谈对象陈述内容对研究的重要性、研究资料的使用去向、保护隐私的方法、问题提纲等。研究者还需要对自身做几句介绍，这样容易获得参与者的信任。在第一轮依次按提纲分享观点时，应有一个发言时间的设定，一般以 8 分钟至 10 分钟为宜。为获得比较具体、详细的观点，研究者可以鼓励发言人分享自己的故事或案例。

参与者在分享和访谈过程中会呈现不同类型与特征，研究者要采取不同的协调策略。对于像专家一样的发言人而言，研究者要强调每个人都是专家，所有的参与者都有需要表达的重要观点，对于强势的健谈者，可以用眼神、肢体语言提醒，并用得体、友好的方式控制他们的分享时间；对于害羞的参与者或沉思者，要重点给予关照，并鼓励他们发表深刻的观点；对于花费很长时间都不触及要领的漫谈者而言，研究者应及时重复当前正在讨论的问题，或引入一个新的问题（克鲁杰 等，2007：92-93）。研究者不要希冀每一位参与者都说得一样多，更不能希冀参与者的观点与自己事先假设的观点很吻合。

五、场景聚焦

只有深刻理解目标社区和结构性事件的时空场景及其过程，呈现和阐释行动者的意义体系和结构条件，才能写出好的民族志（拉比诺，2008：9）。社会现实是由一个个不同的场景接续而成的。民族志研究者聚焦于每一个社会情境，这源于人类学家一个坚定信念，即真实社会场景中的社会互动、日常言语和日常想法才是人类学家最关注的研究对象。聚焦、描述和分析每一个场所之内的社会互动是民族志研究者的基本能力。在任何一个场所内进行观察，田野工作者都要做到"紧睁眼，慢张口"，先厘清场景内的人际关系、事情的缘由、不同主体的动机、隐藏的观念和原则等。研究者可以参照帕森斯社会行动单位分析框架分析社会互动的场景。

根据帕森斯的唯意志论行动单元的分析框架，如图3-3所示，每一个社会互动的场景都具有：（1）一个或多个主体或行动者；（2）行动者总是寻求实现其目标；（3）行动者具有实现目标的多种手段；（4）行动者面临的各种情境条件（如行动者的生理状态、外部的生态限制）都会影响目标和手段的选择；（5）行动者被各种价值观、规范和其他理念所支配，这些价值观、规范和其他理念影响着目标和实现目标的手段；（6）行动者做

出的各种选择都受到理念和情境条件的限制。(特纳，2006：37)

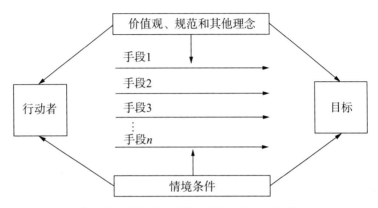

图 3-3　帕森斯的唯意志论行动单元的分析框架（特纳，2006：38）

这个分析框架可以进一步简化为行动者、行动、目标、情境条件和文化规范五个因素。具体而言，田野工作者的"场景聚焦"可以重点关注如下事实：(1) 观察不同行动者的行为和情感状态；(2) 揣摩不同行动者的行动目标；(3) 分析场所内的情境条件；(4) 分析场所内的互动逻辑及群体文化规范。在任何一个群体中，都会有一些"不言而喻"或者"只能意会、不能言传"的文化规则。这些文化规则往往通过日常的、细微的人际关系、互动方式、交往心态表现出来（费孝通，2009e：438-465）。在田野工作中，民族志研究者要特别留意挖掘那些"难以言传"的文化规范。

田野中的民族志研究者要经常思考视阈之内的社会情境与宏观社会结构的关联。社会结构和文化传统是如何影响情境中的社会互动的？行动又是如何促进社会结构的生产与再生产的？（博曼，2006：194）田野工作者观察情境，一定是在个体与整体、部分与整体、结构与能动性等框架中反复思索的。具有宏大抱负的民族志研究者一直坚信一滴水能够折射出大海的波涛汹涌，所以在田野情境中不断思考微观与宏观的勾连是人类学者的思维常态。因此，不同行动者的行动、意图、信念、价值，宏观社会结构、制度和规范，事件的过程、逻辑、文化意义是民族志研究者关注的重点。

田野工作者需要仔细辨析情境中不同行动者的话语表达方式和含义。语言哲学家约翰·朗肖·奥斯汀（John Langshaw Austin）在《如何以言行事》（*How to Do Things with Words*）一书中指出，任何一个话段都是一个言语行为。根据言语的"语旨力"（illocutionary force）可以将言语行为分为三类：言以指事（locutionary act），言以行事（illocutionary act），言以成事（perlocutionary act）。（Austin，1962）例如，当一个人说"我答应五点过来"这句话时，可能有多种含义。它可以是言以指事，只是陈述一个事实；还可以是言以行事，表示做出一次承诺；还可以是言以成事，让听话的人感到高兴（裴文，2000：56）。要理解这句话的真正内涵，必须了解话语情境、与情境相关的历史背景，以及说话人的意图和习惯，乃至要详细说明说话人的声调和言语重点。这些就是田野中的民族志研究者要重点聚焦的内容。

在观察某一场所内的社会互动时，初进田野的民族志研究者很容易被眼前混乱的局面所迷惑，不了解其中的社会关系网络，也不明白不同行动者的动机和目的，从而陷入一种"只见社会不见人"的局面。费孝通在晚年对"只见社会不见人"的原因和不足有过深刻的思考。费孝通在反思自己的田野工作时写道："我在实地调查中才理解到一个社区中初看时似乎是纷杂的众人活动，事实上都（是）按着一套相关的各种社会角色的行为模式的表演。……作为一个人类学者在实地调查时，通常所观察到的就是这些有规定的各种社会角色的行为模式。至于角色背后的个人的内在活动对一般的人类学者来说就是很难接触到的。"（费孝通，2009c：226）他将这种偏重于社会、缺少对个体内心世界和主动性进行研究的局面称为"只见社会不见人"（费孝通，2009c：230）。为了深入理解场景中不同行动者的内心世界，研究者要运用访谈和生活史调查等多种技术了解被研究者的动机、目的、需要、信念、情感、态度等内容。

为了刻画某一场景内的社会现实，研究者还要关注研究聚焦之前或相伴发生的事件，也要注意分析相同的事件或行为在不同文化中或不同历史时代中可能具有的不同意义（纽曼，2007：190）。民族志研究者通过场景聚焦获得情境知识只是第一步，接下来需要搜集不同行动者对场景的多重解读，将它们聚集成社会过程，挖掘和分析蕴含其中的社会力量（布洛维，2007：99-100）。将不同时间的场景汇聚在一起，就可以生成一种供研究者分析的故事链，如图3-4所示。简言之，要理解具体场景中的行动者及其文化，不仅要从当地人内部视角去理解他们的信仰网络，还要将它们置于外部的社会制度结构中去分析（Hollis，1994：243）。

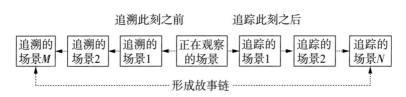

图 3-4 场景聚焦与故事链的形成

六、线索追踪

在田野中观察到的事件，在很多情况下，并非一个开始，也并非一个结束，而恰好在过程中。因此，在时间维度上，民族志研究者需要向事件之前追溯，也要同时追踪观察事件的后续过程。从追踪的场域范围来看，线索追踪包括同一场域内的线索追踪和不同场域内的线索追踪两种。第一种追踪强调的是对场域内问题的敏感性以及寻根问底的精神。民族志研究者在田野中发现有价值的问题，在随后的观察或访谈中寻找机会继续深挖，直至发现新的事实或新的阐释。第二种追踪倾向于作为一种研究策略，强调关注不同时间、不同场域内人物、事件、物品、行动等的连续性和发展性。

当研究者试图理解自己观察到的社会现象时，有必要记住涂尔干的教导。涂尔干提出，必须分别研究产生这种现象的原因和这种现象所具有的功能。有关社会现实的原因和功能是两类问题，不仅需要分别分析，而且一般来说可以先研究前者，再研究后者（迪尔凯姆，1995：111-112）。其实，线索追踪的一个重要目的在于，遵循一种发生学和历时演化的逻辑，探索某种社会-文化结构的形成过程，揭示可能存在的因果关系或关联模式，透视引发特定社会文化现实的条件组合或原因集合（涂尔干，2006：编选说明2）。相对而言，分析社会现实的功能要容易一些。在不能完全了解被研究人群的组织结构和更多内幕的情况下，田野中的民族志研究者需要像侦探那样善于发现蛛丝马迹，提出假设，追踪有价值的线索或重点人物并深入探问，以达到顺藤摸瓜的目的。

有价值的问题常常隐藏在不起眼的线索之中。田野工作者要尽力捕捉和追踪有价值的线索。下文列举一些可能具有研究价值的需要追踪的事项。

- 特殊的道路交通或村庄空间布局；
- 有特殊含义的象征符号；
- 碑刻、族谱、家谱、地方史志等历史材料；
- 庙宇、传统建筑等；
- 口头传说、逸闻或逸事；
- 习惯性表达、隐喻；
- 独特的服饰、饮食；
- 显性或隐性的冲突、矛盾；
- 节日庆典、婚礼、丧葬仪式等过程；

- 能引起惊讶、愤怒、疑问的事物；
- 含有敏感性的内容或话题；
- 引起参与者情绪、情感变化的内容。

我在学校的田野经历表明，追踪那些令人惊讶、困惑的现象可能会有意想不到的收获。2017 年 4 月至 2018 年 6 月，我在城区的 M 学校从事田野工作，主要目的在于研究校长的教育理念、管理方式以及学校的发展过程。那时 M 学校大约有教职工 150 人，学生约 2000 人。我每周到 M 学校工作一天，通常与校长在一起，平时也有机会与各个学科的主任一起，参与有关课程教学的研讨。2017 年 11 月 2 日上午，为了准备一个高端论坛的公开课，语文学科组在学校北楼举办了公开课试讲及研讨活动。当天，特级教师 A 教研员受邀来校听课并进行指导，科研副校长、教学主任、语文学科主任以及几名青年教师一起参加了听课评课。试讲教师带着学生们一起学习了《乞巧》这首古诗。稍后，评课开始，A 教研员是主角，他从朗读、板书、教学设计、诗歌鉴赏等不同方面提出建议。就在评课中场休息的时候，A 教研员暂时离场休息。语文学科主任突然接到信息，另外一位语文特级教师 L 教研员也来到学校，正在南楼。语文学科主任安排另外两名教师陪着 L 教研员，并嘱咐教师们就说她外出学习了，不能让两位专家碰面。见到这种局面，我顿时觉得惊讶而又蹊跷，为何来了两位教研员？难道两位教研员之间有冲突？

为了抓住这个有价值的线索，我首先争取到校长对这个问题的支持。随后，我对语文学科主任进行了访谈。经过深入问询，我才明白这个问题的原委和其中的深层次原因。原来，L 教研员会不定期来学校进行教学和科研指导。之前一天，语文学科主任联系了 L 教研员，在确认 L 教研员不会来学校的情况下才邀请 A 教研员来指导古诗教学。不知何故，L 教研员那日又来学校指导工作了。事情到此并没有结束。当 A 教研员离开学校后，语文学科组又举行了闭门会议。出乎我意料的是，语文学科组又对 A 教研员的观点进行了批判，最后只吸收了部分建议。这让我觉得有些诧异：教研员拥有较高的专业声望，学校请教研员来指导教学，表面上迎合专家的观点，暗地里又对专家的观点进行批判，这是不是有点自相矛盾？在我看来，如果不相信教研员的理念，就不应该花钱请他们来指导。对于这个疑问，我并没有放弃。在空闲时我与校长交流了这个疑问，校长鼓励我针对此事对语文学科主任进行深度访谈。语文学科主任告诉我，是否采用教研员或特级教师的建议取决于教师的教学实践，特级教师的观点虽然深刻、全面，但并不是全能用上的。而且，M 学校的语文教师团队很有实力，有很多出色的教师，因此他们会根据实际情况有筛选性地听取专家意见。数学教师团队水平相对低一些，他们对教研员观点的质疑和批判就会少很多。这次线索追踪，让我意识到专家与被指导的一线教师共同体的关系并非一成不变，一线教师共同体的专业水准是影响他们之间关系的一个重要因素。

线索追踪要特别重视对相关问题的历史研究。传统单点式的田野工作主要是在较为封闭的小规模的传统族群或社区展开的。

英国人类学家利奇对人类学者研究自己的社会持否定态度，他曾分别点评林耀华、杨懋春、许烺光和费孝通的著作，并指出这些研究不能或不应该声称是某种特定事物的"典型"（Leach，1982：124-127）。利奇的批评让费孝通在晚年重新思索微观社会学在空间、时间、文化等层面的局限，并寻找和总结破解的思路。费孝通后来与利奇展开了一场"缺席的对话"，他把利奇提出的主要质疑概括为"在中国这样广大的国家，个别社区的微型研究能否概括中国国情？"（费孝通，2009b：341）。然后，费孝通从三个层面回应了这个问题。首先，他认为，通过积累案例，运用"类型比较法"，可以逐步接近整体的现实。费孝通在江村调查之后，对"云南三村"（禄村、易村、玉村）的调查及后来的小城镇、区域发展研究皆属于探索整体的中国农村社会的努力。其次，从文化论或人文世界而言，每个个体的行为、思想、情感模式都是从社会习得的，因此通过研究微观社会中人，可以认识整体社会的人文世界。但费孝通也承认，由于"大传统"与"小传统"存在差异，微观社会调查在文化层次上会受到限制，譬如对较低层次文化的分析不能完全代表较高层次的文化。最后，为了弥补田野工作时间维度的不足，微观社会研究要加强历史研究。（费孝通，1996；王富伟，2012）马林诺夫斯基曾经提出，对于研究像中国这样历史悠久且没有过中断的国家，人类学的研究必须重视历史研究。研究历史可以把遥远过去的考古遗址和最早的记载作为起点，推向后世，也可以把现状作为活的历史追溯过去（费孝通，1986：序3）。按照费孝通的理解，"活历史"是今日还发生着功能的传统,它能够满足当前人们的需要,因此人类学家不仅要"由古知今",也要能够"由今知古"(布洛赫,1992:32-39)。

追踪有价值的线索或人物往往需要数月甚至数年的时间。教育人类学家袁汝仪以哈佛教育研究生院艺术教育硕士班学生为研究对象,撰写了《哈佛魔法:从 Do Harvard 到 Do World 的哈佛人领袖性教育民族志》一书(袁汝仪,2010)。在田野工作之初,袁汝仪并未预设研究问题与理论视角。随着田野工作的深入,她将研究问题聚焦于哈佛大学教育研究生院的艺术教育是如何设计和展开的,以及为何如此。为了回答这个问题,袁汝仪主要跟踪和描述了艺术教育硕士班的四位学生约翰、黛君、茹丝、洁西卡在进入哈佛之前、之中及之后的故事。袁汝仪在哈佛的第一次田野工作从 1998 年 7 月至 1999 年 8 月。为了追踪艺术教育课程变化和研究对象的后续发展,其后的十年内,袁汝仪又到美国做了五次田野工作,田野工作时间总计达 28 个月。此外,袁汝仪还通过网络与研究对象经常保持联络。正是基于这样长期而艰苦的田野工作,使得《哈佛魔法》成为一部内容充实、立意深刻的教育民族志经典。

如今,人们的工作和生活方式都已经发生了重要变化,单点式的田野工作也逐步转向多场所或多地点的田野工作。当代的人类学更多地研究"移动中的人们",比如跨境族群、游牧民、季节性移民、跨国移民和难民、随迁儿童和老人等(科塔克,2011:37)。当代人类学家在描述地方场景的同时,期望揭示被研究人群与同一国家内不同地区人群的互动，以及与全球不同国家人群的互动和关联。人类学者项飙对印度数码工人的关注与追踪可以算是一种有益的尝试（项飙，2012）。但是有的时候，选择一个好的观察平台，似乎比线索追踪更省时省力。麦高登（Gordon Mathews）对香港重庆大厦这一"中心的边缘地带"的选择就是一种精妙的田野取点，作者可以通过深度访谈的方式了解到出入大厦者的人生故事及他们与世界其他地方的牵连（麦高登，2015）。社会学家布洛维的拓展案例法的案例扩展有四个维度：从观察者向参与者的生活世界的拓展；向跨时空的观察的拓展；从微观过程向宏观力量（macroforces）的拓展；以及最重要的——理论的拓展（Burawoy，2009：XV）。这些思路可供民族志研究者参考借鉴。

七、文化深描

从事民族志研究的社会科学家都在追求对细节的描述，只是他们关注和描述的重点不同而已。马林诺夫斯基认为，科学的田野工作需要记录三个方面的内容：一是社会组织结构和定型的文化项目，它们构成这个社会的骨架；二是日常生活和一般行为的信息，它们构成这个社会的血肉；三是有关精神的部分，包含当地人的观点、意见与言说（Malinowski，2005：17）。在马林诺夫斯基看来，在部落生活的每项活动中，都存在着由风俗和传统规定的惯例、行动展开的具体方式，以及当地人对活动的评论。个体遵循习俗、服从传统，是因为受到某些动机的驱使和某些观念的引导，并伴之以某些情感。这些观念、情感和冲动受到其文化的形塑与制约。（Malinowski，2005：17）根据马林诺夫斯基的理解，文化存在一个外显的形式和内隐的观念的结构，民族志研究者的文化深描就是从被研究人群的外显行为切入，探寻他们内在的世界观、信念和价值体系。

民族志研究者对每一个行动者的描述和分析，也要遵循一种由外在到内隐的逻辑。哲学家福柯曾说："人们知道自己在做什么，也经常知道自己为什么要这样做，但是他们不知道的是他们所做的这件事到底是什么。"（Dreyfus et al.，1983：187）如果按照这段话指导民族志研究者的工作逻辑，那么研究者首先要描述出不同的行动者在什么情境中做了什么，扮演什么角色；其次要访谈或探求他们为什么这样做；最后，研究者要将观察到的横截面式的社会现实还原至其所嵌入的更广阔的政治、经济、文化、历史脉络中做分析，以揭示那些隐藏的未知条件和可能被忽略的意外结果。

研究者可以将被研究人群视为一种有着共同话题、相似言说方式的"言语社群"（speech community）。在这一方面，美国语言人类学家德尔·海姆斯（Dell Hymes）的研究具有重要的启发意义。海姆斯在20世纪60年代初提出言语民族志（ethnography of speaking）的概念，后来又将其改为交际民族志（ethnography of communication）（Hymes，1964）。交际民族志研究倡导在特定的（言语）社群内进行长期的参与观察，致力于归纳发现，侧重于对交际行为模式的总结（约翰逊，2016：30）。海姆斯系统论述了言语社群的概念，并倡导从场景（setting and scene）、参与者（participants）、期望和目的（ends）、行为序列（act sequence）、基调（key）、手段（instrumentalities）、规范（norms of interaction and interpretation）、体裁（genre）等八个维度进行文化深描和话语分析（Hymes，1972）。

民族志研究者在观察和写作中不要放过任何细节，一方面，对不起眼的细节的深描，往往能达到见微知著的效果；另一方面，越是漫不经心的或者下意识的行为，越能反映出社群根深蒂固的文化惯性。研究者一旦对某个场景或事件特别留意并做出重点记录，那么这个场景或事件就可能成为潜在的写作议题。这时，研究者为了能够做到"文化深描"，就需要"像演员那样记住对话和动作，像画家或者摄影师那样观察颜色、形状、材质和空间格局，像诗人那样体味情绪、韵律和语气的起伏"（埃默森等，2012：51）。

让我们以一个经典的学校民族志研究为例。通常，很多教师和教育心理学研究者把学校教育的失败归因于个人因素：要么是学生的资质和学习能力差，要么是教师的专业水平不高。解决的办法通常是针对学困生使用更有效率的方式传递知识和提升能力。美国教育人类学家雷·麦克德莫特（Ray McDermott）认为这种解释是不恰当的。麦克德莫特对课堂上的师生交流和互动情况进行了生动的描摹。他对两个学困生罗萨和亚当的课堂表现做了深描。

> 罗萨（Rosa）是这个阅读小组中表现最拙劣的孩子。每当某个学生的阅读快结束，其他孩子都举起手时，罗萨的目光就死死地盯着课本，身体僵死在书本的上面，而不像别的孩子那样保持着直立的姿势。当教师扫视举手的同学并开始点名时，罗萨的目光就开始离开书本。当教师叫起一名学生，其他的学生都开始看书本时，罗萨才坐直身体，并举手。麦克德莫特发现，教师和罗萨之间这种微妙的"交易"关系在这种方式中得到了强化和维持。（范伯格 等，2006：99）

> 亚当（Adam）的案例以一种更明显的方式指出了同样的现象。亚当在阅读上有困难，但他自愿参加课外的烹饪俱乐部做蛋糕。在这个活动中，需要阅读食谱。亚当有时会参与一些任务：当亚当和他最喜欢的伙伴一起工作时，他的朋友念食谱时，他会收集和称量材料。有趣的是，在这种情况下，亚当也可以练习阅读。在其他的场合，活动会要求不同的人展示他们的阅读能力。在这些情况下，会有两种行为模式。其一，亚当会与其他愿意提供帮助的成员合作，遮掩自己的不足。其二，小组成员会把矛头指向亚当，把他的问题暴露出来让大家监督。选择哪种模式似乎取决于教师给学生的压力的大小。……亚当的能力不足一直困扰着他，但他一直努力安排自己的生活，以尽量减少自己难堪的机

会。他就是一个游戏中的战士，当出丑的可能性比较小时，他就读书。用一种不太令人满意的话语表达，他是由于他的谨慎而变得能力低下。(McDermott et al.，1982：243)

麦克德莫特指出，学校教育中的学业失败的核心是一种涉及表达、智力、道德展演的社会组织和秩序的特定安排，处于不同地位的学生在不同的课堂场景中扮演不同的角色，学生的自我认知和行动策略是在互动中模式化的。罗萨在阅读课上的做法保护了自己的面子，也没有影响课堂教学的效率。但是，正是这种互动模式使罗萨失去了很多学习阅读的机会。亚当的故事则进一步表明，无论是学业成功还是失败，都是日常课堂互动和课堂管理的结果。在一定意义上，学业失败是学生们和教师默契合作的"共谋"的结果。

如果研究对象是不能完全表达自己的幼儿，民族志研究者该如何深描和阐释他们的文化呢？人类学者钱霖亮对福利院儿童国芳惧怕空纸箱的线索追踪和悬疑推理，具有启发意义。当4岁的脑瘫儿童国芳与他人打架时，保育员张阿姨呵斥其停下，国芳并不理会。付阿姨拿出一个空纸箱放在国芳面前，国芳立即停止了打架。保育员中间流传的解释是，福利院有时会用纸箱包裹夭折儿童的遗体运至殡仪馆，国芳害怕纸箱可能是害怕死亡。钱霖亮并不满足于这种本土阐释。他透过张阿姨为濒死儿童洗澡以及李阿姨调离保育员工作岗位的故事，呈现了两位保育员的信仰体系和生死观念。为了解释国芳的问题，研究者又描述了另外两位儿童的表现：儿童国珍被志愿者带出福利院之后会表现出惶恐和胆小，6 岁的儿童晨晓在离开福利院之前存在反常表现，不仅大哭大叫，甚至还用绳子绑住了自己的脖子。研究者据此推测，像国珍和晨晓的心理一样，国芳害怕空纸箱是因为担心自己被带离熟悉的福利院空间。钱霖亮使用了一种悬疑推理小说式的民族志写作手法，他试图告诉我们，"民族志作者要像侦探作家一般抽丝剥茧，理清他们试图阐释的文化现象生成的背景和线索，那样才有可能提出一个可靠的解释方案"（钱霖亮，2017）。

研究者在观察、记述和分析某一人群的文化时，经常会混淆人类文化的共性、社群文化的特殊性和个人的独特性。克拉克洪等人类学家曾说过："每一个人在若干方面像所有的人，若干方面像一部分人，若干方面不像其他任何人。"（Kluckhohn，et al.，1953：56）若干方面像所有的人（like all other men）是指全人类共有的那一部分，即指人类文化的普遍性；若干方面像一部分人（like some other men）是指某一社会文化体系共有的那一部分；若干方面不像其他任何人（like no other man）是指个体的独有的特征（游国龙，2010）。民族志研究者写文化的重点在于区分和描写被研究社群所特有的那些文化表现形式，同时也要特别注意被研究社群内部不同亚群体行为、认知、观念的差异性和多样性。

八、影像拍摄

影像作为一项记录、沟通、传播技术正在深刻改变着人类社会，也正在改变着社会科学工作者的田野工作和民族志的记录与表现方式。自从有了摄像技术之后，一些具备条件的人类学家便将摄像技术应用于田野工作，他们为我们留下了有关部落社会或村落社会的宝贵影像资料。在田野工作中运用影像技术可以记录更为鲜活的现实资料，可以弥补研究者因为遗忘带来的田野经验损失。

如果田野研究小组由两名或多名成员构成，可以由一人专职拍摄影像，这样可以将田野中的研究者与研究对象的互动一同纳入。如果只是一个人单枪匹马的田野工作，研究者只能根据实际情况，选择一定时机收集现场的影像。民族志研究者的影像收集并不同于业余爱好者，在拍摄场景选择、聚焦主题、拍摄视角、拍摄时机的安排方面，田野工作者的拍摄有其自身的逻辑。可以说，照相机和摄像机是田野工作者的大脑、眼睛和耳朵的延展。但是，与传统的田野工作模式——耳听眼看和手记笔记相比，影像拍摄更具有入侵性，必须依赖研究者与研究对象之间更密切的关系。（庄孔韶，2008：581）根据田野工作中运用影像拍摄的实际情况，可以粗略分为以下四种取向。

（一）作为田野观察补充的影像

在这种取向中，研究者将田野工作中的照片或影片视为撰写文本的补充材料。对于难以用笔记或录音设备记录的场景，例如喧嚣的人群、复杂的仪式、音乐舞蹈、连续动作等场景，影像资料对于补充民族志研究者的记忆和理解可以发挥重要作用。这种取向在本质上将影像拍摄视为资料搜集的手段，影像可以记录下重要的事件和可能消失的文化。

大约在一个世纪之前，人类学家在研究少数民族部落社会时就开始用影像记录儿童和家庭生活。在 20 世纪二三十年代，人类学家米德与格雷戈里·贝特森（Gregory Bateson）在巴厘岛和新几内亚田野工作时就拍摄了大量影像素材，后来他们将这些素材制作成影片。这些影片包括《一个巴厘人的家庭》（A Balinese Family，1951 年）、《一个新几内亚婴儿的初生》（First Days in the Life of a New Guinea Baby，1952 年）、《卡巴的童年》（Karba's First Years，1952 年）、《巴厘岛的魂灵附体与舞蹈》（Trance and Dance in Bali，1952 年）、《巴厘和新几内亚儿童的竞争》（Childhood Rivalry in Bali and New Guinea，1954 年）、《三种文化中的宝宝洗澡》（Bathing Babies in Three Cultures，1954 年）、《在巴厘岛学习舞蹈》（Learning to Dance in Bali，1978 年）（邓启耀，2013：67；朱靖江，2013）。米德与贝特森的影像民族志实践启发我们，影像不仅是搜集资料的手段，而且是表达文化差异和文化多样性的重要方式。

在 2012 年至 2015 年间，我曾经观察和记录我的女儿金宝 0—3 岁的成长过程，并反思自己家庭的养育文化。但是，我发现家庭成员与婴幼儿之间的互动稍纵即逝，在记录尚未具备说话能力的婴幼儿方面更是困难重重，稍不留意就会导致信息遗漏。一次偶然的机会，我临场发挥，用手机拍摄下金宝抢梨核和吃梨核的过程。这次经历让我意识到，影像拍摄对于民族志写作具有重要价值。下文的民族志素材就取材于那次拍摄的影像资料。

老话讲，"三翻六坐八爬扯"。就是说，婴儿 3 个月会翻身，6 个月能坐起来，8 个月就会爬。金宝在满 8 个月的时候，仍然不会爬。周五回到老家，我问父亲金宝会爬了吗，父亲说还不会，还说金宝是个"小笨蛋"。作为金宝的爸爸，我的面子当然有点挂不住。儿童生理学和心理学的知识告诉我：儿童的生理和心理发展具有一定的规律性，又有差异性。因此，我也就没有太把这件事放在心上。晚饭之前，我吃了一个梨。当吃到一半的时候，我发现金宝的眼睛直勾勾地盯着我，原来她竟然也想吃。我一下子有了主意——既然你很想吃梨，那你就自己爬过来拿吧！爷爷把金宝趴着放在了炕的一头，我则把吃剩下的梨核放在了炕的另一头。就在一刹那间，奇迹发生了——金宝双手支撑着身体，两只小腿使劲用力，一跌一撞地冲着梨核爬了过来，可能由于腿部的肌肉力量不足，头相对较大的原因，刚爬了两三下，金宝的头就栽在了被子上。但是她没有停止，仍旧使劲向前爬，终于拿到了梨。我们为了锻炼金宝的毅力，又先后两次把梨从金宝的手中夺回来放到更远的地方，金宝为了得到食物，最终还是爬过去，得到了梨核。金宝拿着梨核，开心地对着我们笑，然后啃了起来。我们看到这一切，都欢快地大笑了起来。（2012 年 10 月 27 日，星期六晚上）（陈学金，2018：119）

这次经历之后，我会有意识地用手机拍摄金宝成长过程中一些有意思或令我困惑的场景，这些影像拍摄的时间长度从 1 分钟至 5 分钟不等，有时我也会将手机固定在某个位置或请人帮忙，拍摄孩子与我互动的过程。这些影像资料对于我后来撰写儿童民族志和分享研究成果发挥了重要作用。

（二）作为线索和工具的影像

在这种取向中，影像拍摄和编辑制作并不仅仅是为了搜集现场资料，更为重要的是，将前期的影像资料用作一种线索、一种访谈的引子、一个访谈的主题，引导不同的被研究者观看前期的影像制品并交流所感所想，从而达到深入搜集资料的目的。

教育人类学家托宾曾经看过人类学者琳达·康纳（Linda Connor）与制片人帕蒂斯·阿希（Patsy Asch）、蒂莫西·阿希（Timothy Asch）合作的人类学影片《巴厘岛女巫的魂灵附体》（A Balinese Trance Seance）和《巴厘岛的魂灵附体：女巫的解说》（Jero on Jero：A Balinese Seance Observed）。在后一部影片中，制片人将女巫做招魂仪式的影片给当事人看，并请其对自己的行为过程和意义做出解说。受此人类学影片启发，托宾及其合作者将田野观察和视频技术相结合，创造出一种多声部民族志和视觉民族志相结合的研究方法，对中国、日本、美国三种文化中的幼儿园进行了比较研究（Tobin，1988）。

2001 年起，托宾与薛烨、唐泽真弓合作，重访三国幼儿园，重点从历时性的角度分析三种文化中幼儿教育的连续性和变迁。在这项重访研究中，托宾及其合作者发展了"以影像为线索的多声部民族志"（video-cued multivocal ethnography）的研究方法。这种研究方法的程序是：（1）拍摄每种文化中幼儿园的一日生活；（2）将拍摄到的影像制作成 20 分钟的影片；（3）将影片给所拍摄班级的教师观看；（4）将影片给幼儿园的其他员工观看；（5）请这个国家里其他幼儿园的幼儿教育工作者们观看；（6）最后请其他两个国家的幼儿教育工作者们观看。三个国家的幼儿教育工作者对这些影片进行讨论，以形成多方对话。（Tobin et al.，2009：5）托宾等人对儿童养育的跨文化研究路径以及以影像为线索的多声部民族志研究方法广受学界推崇和模仿。类似的研究方法在教育人类学界得到较为广泛的应用（托宾 等，2014：5）。

（三）当地人自主拍摄的影像

这种取向强调研究者将拍摄权利交给当地人，由当地人或文化持有者围绕某个主题自己拍摄自己的社会和生活。与研究者拍摄比较，这种取向更注重平衡研究者与被研究者的关系，更强调尊重当地人的认知和思维逻辑，而且带有一种唤醒当地人自觉或改变传统的特征。下面三个实践案例皆在一定程度上激发了当地人参与调研的主动性。

1992年至1993年间，在云南省澄江县和陆良县实施的"妇女生育卫生与发展项目"使用了当地人自主拍摄的方法，调查了解农村妇女的健康状况。项目组选择当地62位妇女和妇联干部自主拍摄照片以反映其家庭生活、劳作场景、村庄文化风俗。在近一年的时间里，村民拍摄了近40000张照片，并选择其中100张照片编辑整理成《中国云南农村妇女自我写真集》一书（吴坤义 等，1995）。

2000年9月，云南省社会科学院郭净研究员领导的团队在云南迪庆藏族自治州三个村子开展"社区影视教育"的行动项目。他们请三个村子的村民拍摄自己的生活，然后由团队成员编辑制作，再将影片送回村里或学校给村民看，以此传承当地文化和地方知识。至2002年10月，团队编辑制作完成《黑陶人家》《茨中圣诞夜》《茨中红酒》《冰川》四部纪录片，以及一部影视报告《学习我们自己的传统》（邓启耀，2003：305-332）。

2012年，云南大学的影视人类学者陈学礼在石林彝族自治县小圭山村开展了"影像中的青少年性健康教育"项目。项目团队邀请6名年龄为14—16岁的当地中学生（分成3组，2名男生一组，2名女生一组，剩下的1名男生和1名女生一组）参与拍摄、剪辑和制作。最终完成三部反映彝族、撒尼族青少年性健康状况和需求的影片。（陈学礼，2017：136，148-151）

由当地人拍摄影像主要来自影视人类学家的不断推动和探

索。对于以描摹和分析为主要目的的民族志研究者来说，当地人自主拍摄的影像模式启示我们，可以将摄像机交给当地人，看他们的拍摄内容及他们如何阐释自己的实践。这种研究取向可以更多聚焦和反映当地人的关注视野和思维逻辑，弥补客位观察和分析中的不足。田野工作者待时机成熟时，还可以请求当地人分享一些他们自己拍摄的视频作为研究分析之用。我在实地调查中经常会这样做，实践证明这些影像资料具有重要价值。

(四) 作为一种行动媒介的影像

影像不仅是一种记录现实的方式，当其公开展映时，影像能够引起观众共情的理解，能够激发观看者批判性反思日常经验，从而使公民参与、公共话语生成和社会变革实践成为可能。人类学家朱晓阳将影视技术与民族志研究相结合创造了一种更为激进且更富于介入性的民族志表达方式。[1] 在被朱晓阳称为直接行动民族志（direct activist ethnography）的实验中，人类学家不仅参与观察滇池东岸宏仁村城中村改造项目中的村民抗争过程，而且拿起摄像机记录并再现这些过程。在很大程度上，人类学者的感受、经验、价值信念，与影像拍摄和表达构成一种相互契合与共生共存的关系。从村民视角而言，在抗议与维权的过程中，拍摄者和摄像机被村民视为一种武器，并在很大程度上鼓舞了村民的行动。在朱晓阳看来，直接行动民族志（电影）过程要以深入

---

[1]　参见朱晓阳、李伟华 2013 年的纪录片《滇池东岸》。

的田野工作为前导，而且要对所介入的事件、场域及其文化进行阐释，并将个案拓展成一种理想类型（朱晓阳，2018）。在田野工作和民族志实践中，如何拍摄及运用影像，在很大程度上取决于研究者对研究问题的价值定位。应当指出，随着影像和视觉技术的不断发展，民族志研究与影像的结合在未来还有无限的可能性和创造性。

当研究者使用技术设备拍摄的时候，非常容易引起当事人的警觉和戒备。在某种意义上，影像拍摄总会带给当事人一些微妙的变化——更重视自己的外在形象和言谈举止，或者使行为更具有表演性，等等。始终需要牢记的是，当你需要摄像的时候，一定要征得当事人的同意。一些小的工作策略可以使研究者获得当事人的信任，例如协助社区拍摄活动的影像资料，为当事人或其家庭拍摄合影照片，等等。简而言之，田野工作者应与当事人、当地社区建立一种"影像分享"与"视听互惠"的拍摄关系，向被研究社群及时分享和留存影像素材与工作成果，助益当地社区文化积累（朱靖江，2015）。

参考文献

埃默森，弗雷兹，肖，2012. 如何做田野笔记［M］. 符裕，何珉，译. 上海：上海译文出版社.

埃文思-普里查德，2002. 努尔人：对尼罗河畔一个人群的生活方式和政治制度的描述［M］. 褚建芳，阎书昌，赵旭东，译. 北京：华夏出版社.

博曼，2006. 社会科学的新哲学［M］. 李霞，肖瑛，等译. 上海：上海人民出版社.

布洛赫，1992. 历史学家的技艺［M］. 张和声，程郁，译. 上海：上海社
　　会科学院出版社.

布洛维，2007. 公共社会学［M］. 沈原，等译. 北京：社会科学文献出
　　版社.

陈学金，2012. 困顿与超越：学校场域内小学男教师幸福的叙事探究
　　［M］//丁钢. 中国教育：研究与评论：第15辑. 北京：教育科学出版
　　社：167-277.

陈学金，2018. 家庭文化中幼儿成长的民族志探究［J］. 全球教育展望
　　（1）：115-128.

陈学金，2022. 被牵引的田野观察及英吉沙小刀［M］//杨晓纯，宋颖. 意
　　树心花：文化学者的高原故事. 北京：中国藏学出版社：246-250.

陈学礼，2017. 被隐藏的相遇：民族志电影制作者和被拍摄者关系反思
　　［M］. 北京：社会科学文献出版社.

邓启耀，2003. 视觉表达：2002［M］. 昆明：云南人民出版社.

邓启耀，2013. 视觉人类学导论［M］. 广州：中山大学出版社.

迪尔凯姆，1995. 社会学方法的准则［M］. 狄玉明，译. 北京：商务印
　　书馆.

范伯格，索尔蒂斯，2006. 学校与社会：第四版［M］. 李奇，等译. 北
　　京：教育科学出版社.

范可，2019. "边界"无疆：弗雷德里克·巴特的人类学世界［J］. 读书
　　（7）：29-35.

范可，2022. 文化、族群性与认同政治：学术生涯的若干片段［J］. 广西
　　民族大学学报（哲学社会科学版）（2）：1-14.

费孝通，1986. 江村经济［M］. 戴可景，译. 南京：江苏人民出版社.

费孝通，1996. 重读《江村经济·序言》［J］. 北京大学学报（哲学社会科学版）（4）：4-18.

费孝通，2009a. 费孝通全集：第一卷［M］. 呼和浩特：内蒙古人民出版社.

费孝通，2009b. 费孝通全集：第十三卷［M］. 呼和浩特：内蒙古人民出版社.

费孝通，2009c. 费孝通全集：第十四卷［M］. 呼和浩特：内蒙古人民出版社.

费孝通，2009d. 费孝通全集：第十六卷［M］. 呼和浩特：内蒙古人民出版社.

费孝通，2009e. 费孝通全集：第十七卷［M］. 呼和浩特：内蒙古人民出版社.

格尔兹，2013. 论著与生活：作为作者的人类学家［M］. 方静文，黄剑波，译. 北京：中国人民大学出版社.

古塔，弗格森，2005. 人类学定位：田野科学的界限与基础：修订版［M］. 骆建建，袁同凯，郭立新，译. 北京：华夏出版社.

胡平生，张萌，2017. 礼记［M］. 北京：中华书局.

科塔克，2011. 简明文化人类学：人类之镜［M］. 熊茜超，陈诗，译. 上海：上海社会科学院出版社.

克利福德，马库斯，2006. 写文化：民族志的诗学与政治学［M］. 高丙中，吴晓黎，李霞，等译. 北京：商务印书馆.

克鲁杰，凯西，2007. 焦点团体：应用研究实践指南［M］. 林小英，译. 重庆：重庆大学出版社.

拉比诺，2008. 摩洛哥田野作业反思［M］. 高丙中，康敏，译. 北京：商务印书馆.

林耀华, 1995. 凉山彝家的巨变 ［M］. 北京：商务印书馆.

马凌诺斯基, 2002. 西太平洋的航海者 ［M］. 梁永佳, 李绍明, 译. 北京：华夏出版社.

麦高登, 2015. 香港重庆大厦：世界中心的边缘地带 ［M］. 杨玚, 译. 上海：华东师范大学出版社.

毛泽东, 1982. 毛泽东农村调查文集 ［M］. 北京：人民出版社.

纽曼, 2007. 社会研究方法：定性和定量的取向 ［M］. 郝大海, 译. 北京：中国人民大学出版社.

裴文, 2000. 现代英语语境学 ［M］. 合肥：安徽大学出版社.

钱霖亮, 2017. 面对福利院儿童, 人类学的参与观察有点尴尬 ［EB/OL］. (2017-04-10) ［2020-04-25］. https：//www. thepaper. cn/newsDetail_ forward_1658599.

桑塔格, 2003. 反对阐释 ［M］. 程巍, 译. 上海：上海译文出版社.

石之瑜, 2005. 社会科学知识新论：文化研究立场十评 ［M］. 北京：北京大学出版社.

特纳, 2006. 社会学理论的结构：第 7 版 ［M］. 邱泽奇, 张茂元, 等译. 北京：华夏出版社.

涂尔干, 2006. 教育思想的演进 ［M］. 李康, 译. 上海：上海人民出版社.

托宾, 薛烨, 唐泽真弓, 2014. 重访三种文化中的幼儿园 ［M］. 朱家雄, 薛烨, 译. 上海：华东师范大学出版社.

王富伟, 2012. 个案研究的意义和限度：基于知识的增长 ［J］. 社会学研究 (5)：161-183.

吴坤义, 白梅, 李浈, 等, 1995. 中国云南农村妇女自我写真集 ［M］. 昆明：云南民族出版社.

项飚，2012. 全球"猎身"：世界信息产业和印度的技术劳工［M］. 王迪，译. 北京：北京大学出版社.

游国龙，2010. 文化与人格研究和心理人类学的方法论剖析［J］. 日本学刊（5）：101-114.

袁汝仪，2010. 哈佛魔法：从 Do Harvard 到 Do World 的哈佛人领袖性教育民族志［M］. 台北：远流出版事业股份有限公司.

袁同凯，2004. 走进竹篱教室：土瑶学校教育的民族志研究［M］. 天津：天津人民出版社.

约翰逊，2016. 语言政策［M］. 方小兵，译. 北京：外语教学与研究出版社.

朱靖江，2013. 巴厘岛的人类学影像：米德与贝特森的影像民族志实验［J］. 世界民族（1）：47-51.

朱靖江，2015. 田野影像笔记：影视人类学的田野调查之道［J］. 民间文化论坛（5）：20-26.

朱晓阳，2018. 介入，还是不介入？这是一个问题?：关于人类学介入客观性的思考［J］. 原生态民族文化学刊（3）：1-10.

庄孔韶，2008. 人类学经典导读［M］. 北京：中国人民大学出版社.

AUSTIN J L，1962. How to do things with words［M］. Oxford：Oxford University Press.

BURAWOY M，2009. The extended case method：four countries，four decades，four great transformations，and one theoretical tradition［M］. Berkeley：University of California Press.

CHAMBLISS D F，SCHUTT R K，2015. Making sense of the social world：methods of investigation［M］. 5th ed. Thousand Oaks：Sage Publications.

DREYFUS H L，RABINOW P，1983. Michel Foucault：beyond structuralism and hermeneutics［M］. 2nd ed. Chicago：University of Chicago Press.

HOLLIS M, 1994. The philosophy of social science: an introduction [M]. Cambridge: Cambridge University Press.

HYMES D, 1964. Introduction: towards ethnographies of communication [J]. American Anthropologist (6): 1-34.

HYMES D, 1972. Models of the interaction of language and social life [M] // GUMPERTZ J, HYMES D. Directions in sociolinguistics: the ethnography of communication. New York: Holt, Rinehart and Winston: 35-71.

KLUCKHOHN C, MURRAY H A, SCHNEIDER D M, 1953. Personality in nature, society, and culture [M]. New York: Knopf.

LEACH E, 1982. Social anthropology [M]. Glasgow: Fontana.

MALINOWSKI B, 1958. The dynamics of culture change: an inquiry into race relations in Africa [M]. New Haven: Yale University Press.

MALINOWSKI B, 2005. Argonauts of the Western Pacific: an account of native enterprise and adventure in the Archipelagoes of Melanesian New Guinea [M]. London: Routledge.

MCDERMOTT R P, HOOD L, 1982. Institutional psychology and the ethnography of schooling [M] //GILMORE P, GLATTHORN L. Children in and out of school: ethnography and education. Washington, DC: Center for Applied Linguistics: 232-249.

TOBIN J, 1988. Visual anthropology and multivocal ethnography: a dialogical approach to Japanese preschool class size [J]. Dialectical Anthropology (2): 173-187.

TOBIN J, HSUEH Y, KARASAWA M, 2009. Preschool in three cultures revisited: China, Japan, and the United States [M]. Chicago: The University of Chicago Press.

第四章

田野工作：问题与策略

美国人类学家拉比诺在 20 世纪 80 年代中期曾经指出："多年以来，人类学者们一直在非正式的场合互相讨论田野工作的经验。有关一位人类学者田野工作经历的闲言碎语是这名学者个人声望的重要组成部分。但是直到最近，这类问题尚未被'严肃地'论及。"（拉比诺，2006：306）这种现象表明，人类学家更愿意投入精力在那些他们感兴趣的研究问题上，而非那些获取经验信息的过程中。或许，他们还有另外一个担忧：过多地泄露田野工作的过程可能会削弱民族志研究者的权威。另外，很多人类学家将田野工作策略与技巧当作一种缄默知识或实践性知识来看待，要想学习这套知识只能依靠"做中学"，只说而不做是徒劳而无益的。

一、观察与涉入

韦伯指出，人类的社会生活与研究者探究社会现实的活动，无不与价值有着密切的关联。但是，对经验事实的分析与价值判断之间并无直接的必然的联系。因此，社会科学研究者需要以一种价值中立（value-free）的方式开展工作，即在经验事实与价值判断之间做出区分与澄清（韦伯，1999：136-182）。大多数实证主义者认同这种观点，并用其指导自己的田野工作。在田野工作中，为了保持价值中立，需要悬置自己先前的经验，秉持现象学的直面现实的精神。在相似的意义上，列维-斯特劳斯曾经说："为了掌握到现实，得先将经验排斥在外，然后再把经验重新整合进一个不带任何感性情绪（sentimentality）的客观综合里。"（列维-斯特劳斯，2009：59）

尽管如此，在很多田野场景中，以探究社会事实为使命的田野工作者会面临"是否影响某一形势向某一方向发展"的抉择。也就是说，研究者有时不得不破坏原生态的田野现场，凭借"本心"，或者一些"纯粹情感"与"价值判断"，或浅或深地涉入当地事务，从而推动某一事件朝向正义、良善、健康、积极的方向发展。

研究者是否应该介入研究对象的当地事务，历来是一个充满争议的问题（朱晓阳，2018）。一方面，为了获得一手、全面、真实的材料，民族志研究者必须想方设法融入研究对象中去。另一方面，民族志研究者又忧虑自己过多、过深地涉入当地事务会影响搜集资料的客观性。田野工作中的民族志研究者可能都会遭遇一种认识论和价值论的伦理困境——是做一个客观中立的观察者，还是做一个积极涉入的行动者？前者是为了保证经验材料获取的客观中立，后者则更多出于一种道德责任感。无论偏向哪一个目标，民族志研究者都必须在有意识地保持距离和有道义地涉入当地社群事务之间达到一种平衡（赫茨菲尔德，2009：25）。

目前有一种研究观念认为，研究者不应试图回避、掩盖研究过程中的价值偏好和道德责任，与此相反，应该直接把"我"与研究对象、与世界的关系公开地伦理化，"理直气壮地把探索世界的过程本身解释为一种'修身'以达到'经世济民'的过程"（费孝通，2009：459）。承认田野工作中的个人涉入意味着朝向客观性迈进了一大步，因为一旦承认它就意味着它可以被认识，并在一定程度上被控制，甚至被用作有价值的素材和洞见的来源（Spindler，1970：preface Ⅵ）。

在人类学界曾广泛流传着有关美国人类学家克虏伯的一则趣事，足见民族志研究对当地社会和文化的涉入与影响。克虏伯写过许多有关印第安人的报告。有一天，他又到一个印第安人家中去访问。他在向一个报道人问问题时，那人总是要回到房间一会儿再出来回答。克虏伯很奇怪，问他是不是到房间去转问他的母亲，那个印第安人回答说，是去翻阅一个人类学家克虏伯的报告，以免把自己的风俗说错了！（乔健，1999：3-4）克虏伯的这件趣事至少可以表明，人类学家作为知识主体与被研究者作为知识客体之间，存在着相互影响和相互构成的关系，人类学家的研究成果亦会对当地人产生重要影响。民族志研究者深入研究对象所在的群体中长期工作与生活，不可避免地能够影响到他们的生活，因此，民族志研究者需要不断反思并坚定自身的价值立场，做一个从实求知又有担当的研究者。民族志研究者在观察与涉入之间做好平衡，归根到底是要协调好自己的"看""听""说"及其他个人行动的关系。

在一项有关教师生存状态的民族志研究中，我选择了一位与我年龄相仿的男教师做我的合作对象。在一年多合作研究的时间中，我经常会面临一种困境和抉择：是只做一个冷漠的客观观察者，还是做一个积极涉入的行动者？学校中的教育实践是一种有目的、有规划地引领学生向上、向善、向美的活动。错失一个教育契机，可能就会影响一个儿童的成长。而过多涉入教育教学事务，可能又会影响研究者客观中立的角色。我的研究札记记录了我最初几个月的工作状态和工作策略。

孩子们睁大眼睛直直地看着我，眼神中充满了喜悦，又有几丝敬畏。对于四年级的小学生来说，可能他们还不知道"研究生"是干什么的，也不知道"作（做）研究"是为了什么，当他们的数学老师非常严肃地介绍我时，我心里却有几分不安：我能不能做出什么来？我的到场会不会吸引学生的目光，从而影响他们的学习？

　　事实上，我的担心是有必要的。在最初的两三个月中，只要学生看到我进入教室就会兴奋，或许他们对我也感兴趣，或许他们的生活中也需要加入一些新鲜的元素。当我进入课堂听课时，有时我坐在教室的前面，有时坐在教室的后面。坐在前面可以便于观察学生的表情和行动，坐在后面便于观察教室的教学行为。事实上，总会有一些学生在课堂中会与我的目光相撞，我知道那时他们的思维会转移到我的身上，因此再后来，我不会把注意力长时间放在一个人身上，我"游移"的目光可以部分地抵消或阻止学生对我的关注。

　　下课后，会有几个热情的同学跑到我的身边和我说说话，问我几个问题，但在将近45人的班级里这只是很低的比例。听课时我会注意每个学生的表现，并利用下课的时间对个别同学做适当的点拨。一个同学上课总是"走神"，我每次课都给她记着"走神"的时间，她会在下课时跑过来问我"老师，我这次有没有进步？"。还有一个同学上课不敢举手表达自己的观点，我们交谈之后，他每次回答问题都会非常坚定地看我一眼……

　　我的原则是尽量不影响他们的学习。一个学期下来，我发现学生对我的关注少了很多，他们在我在场的情况下，还和同桌说话，在桌子下面玩一些小玩意儿，更有甚者，坐在我的眼皮底下就敢打闹。这时，我也会陷入一种矛盾，是不是应该提醒一下他们？但这又违背了"获得真实资料"的目的。更多的情况，我会在下课后找这些学生说上两句。

渐渐地，学生最终（终于）视我为"无物"或"不存在"了。事实上，走进学校场域后，我一直在试图"隐蔽"自己，在课堂中、在办公室里、在批改室里，尽量不占据显眼的位置，尽量少说话，多听、多看、多思考、多记录，以此来得到尽可能真实的信息。但同时，我也要公开表明自己的态度、想法，在一些非正式的场合我会和老师们聊天，在征得同意的情况下，我也会给学生们上一节数学课，当我和合作教师探究问题的时候，我会提出我不懂的问题，并在最后表明我的想法和观点。（陈学金，2012：189-190）

在田野工作逐步加深的情况下，我将这项民族志研究定位于一种实践取向的具有合作性质的行动研究。在这项学校人类学研究中，研究者不仅仅做观察和访谈，而且帮助教师指导学生、批改作业，甚至上课。当然这种积极参与是在我拥有教师资格证书和多年的教学工作经验前提下开展的。当民族志研究者在村寨、学校、医院、工厂、公司等场所进行田野工作时，是否涉入以及在多大程度上参与当地事务可能会是一个棘手的问题。当研究者围绕某个事件探寻不同行动主体的立场与观点时，也会产生是否涉入的伦理困境。譬如，当你研究不同主体在农村生活污水处理厂选址问题上的博弈过程时，普通居民、村庄领袖、基层政府、上级主管部门、施工企业会有不同的主张和利益诉求，民族志研究者可能会同情消息闭塞者和弱者，并想帮助他们。但是，并没有一个包治百病的药方可以处理所有的问题。这不得不取决于研究者的现实处境与实践智慧。

民族志研究的一种特殊形式是行动研究。这种研究取向的目的在于变革现实并反思变革现实的过程与策略。以"改进""发展""保护"等为主题的民族志研究都是某种意义上的行动研究。在人类学与社会学界，由社会科学家参与的农村扶贫项目或传统文化保护传承项目皆属于此类项目。譬如发展研究专家李小云领导实施的河边扶贫实验项目。在 2015 年至 2020 年，李小云教授的项目团队对云南勐腊县一个深度贫困村进行了全面评估，并植入一个现代的新业态——"瑶族妈妈的客房"，以改善村庄落后面貌、提升村民收入，同时探索扶贫项目的路径选择、有效性和可持续性等理论问题（李小云，2020）。

有些时候，田野中的民族志研究者像一名"入戏的观众"，能够移情地观察，感受场景中的各个行动者的所思所感；有些时候，民族志研究者还可能是"冷漠的看客"，虽然能洞察情境中各种权力关系与行动动机，但也能从田野的剧情中抽身而出、保持中立；有些时候，民族志研究者还可能是"积极的行动者"，听从来自内心的召唤，或以巧妙的方式帮助情境中的弱者，或向当事人表明自己的立场，或直接参与到有关正义的行动中。最后应当指出，民族志研究者将自己同时定位于局内人和局外人的做法必然会导致角色的社会性分裂，偶然或经常遭遇个体不适或社会挫败感也是正常的（休谟 等，2010：2）。

二、田野中的人际关系

在 1993 年的人类学纪录片《兰屿观点》① 的开头，台湾当地一位雅美人男性冷静而严肃地表达了自己对人类学家的态度："我常觉得，一个人类学者在这个地方做研究，常常让我们觉得，做的研究越多，对雅美人的这种伤害就越深。我为什么要这样子说呢？我常常觉得人类学者在兰屿做研究，只是把兰屿当作是他晋级到某一个社会地位，得到某一个社会地位的一个工具而已，并没有回馈给他们所研究的对象，这是我觉得非常遗憾的地方。"这位被研究者的抱怨绝非偶然和个案。当民族志研究者的作品发表后，真的会有一些被研究者抱怨他们当时被研究者利用了，而没有从研究中获得益处，他们的社群可能也没有从研究中获得好处，反而收获了各种流言蜚语。这种可能的后果，提醒社会科学工作者必须直面研究中的各种人际关系，尊重和理解当地文化风俗，能从当地人的角度思考问题。

田野中的人际关系是民族志研究者必须首先考虑的问题之一。如果用迭戈·委拉斯开兹（Diego Velázquez）1656 年创作的油画《宫中侍女》（Las Meninas）② 来隐喻田野工作中的复杂关

---

① 该纪录片由人类学家胡台丽教授指导拍摄。
② 福柯曾经对《宫中侍女》做过分析（福柯，2016）。

系、民族志成果以及民族志可能引发的结果，可能富于启发意义。在《宫中侍女》中，手执画笔正在观察的画师可以隐喻田野中的民族志研究者，小公主、侍女、侏儒小丑、侍从、在门口注视的侍卫，以及室内镜子中呈现的国王夫妇分别代表着真实互动情境中的各种主体。田野中的民族志研究者就像正在工作中的画师，总会与观察场景中的各种主体发生或多或少、或深或浅的关联，民族志研究者不仅在观察田野中的各种主体，而且被现场中的各种主体所观察。画师实际上是为国王夫妇一家作画，小公主却占据了画面的核心位置，国王夫妇处于权力格局中的核心，却只通过墙上的镜子反映出来。但是，如果从镜子反推国王夫妇所站的位置，那么国王夫妇正好处于这幅画的欣赏者的位置。在此意义上，国王夫妇的权威与观众同在，画作中的所有背景、设置、人物皆在国王的凝视之下，也被后来的观众所凝视。这是《宫中侍女》构思最为精妙之处。

《宫中侍女》在整体上可以象征一部民族志作品。民族志文本就像画作一样揭示一种社会现实。但是，如同画师并非画作的唯一解说者一样，民族志作者并不是他所描绘现实的唯一解说者。场景中的任何一个人物，所处的位置不同，他们的所见、所感和所想也不一定相同。此外，就像观众欣赏画作一样，读者阅读民族志作品也会与民族志中的主体发生关联。在此意义上，民族志文本、民族志作者、剧中人都是有生命力的，他们会在与观众/读者的碰撞中不断产生意义。因此，民族志研究者在田野和写作中至少要关心三种权力关系：一是民族志描述社会现实中的包含研究者在内的不同主体的多重互动及他们之间的权力关系；二是民族志发表后可能面临的与情境中不同当事人阐释之间的关系；三是民族志文本与未来读者之间可能发生的碰撞。

田野工作者的角色常常介于"研究者"与"当地人"之间（刘谦，2010），并且经常在这二者之间变换。田野工作者不仅是一个观察者，而且是一个"被观察的旁观者"①。画作《宫中侍女》启发我们，跳出田野情境，拉长视线，研究者连同其民族志作品一起，也将要处于一个被阅读、被审视和被评说的时空。未来的读者或观众不仅包括被描述的剧中人，还包括他们所在的群体，以及来自各个不同领域的专家、学者和普通人。因此，对于各种人际关系和伦理问题，田野中的研究者须保持一种审慎的态度，或者称为一种指向未来的"慎终追远"的态度，即谨慎思考眼下的观察和写作可能导致的未来结果，从一种长远视野，以一种理智的、平和的、稳健的心态处理田野中的各种关系。借用格尔茨的表述，民族志对知识的诉求无处不笼罩着一层道德的阴影，无处不含权力的印记。因此，民族志研究者必须慎重考虑为他者表述的合法性问题，自己在感知他者过程中可能存在的扭曲效果，以及在描述他者过程中语言与权威（authority）之间的暧昧关系。（格尔茨，2011：144）

田野工作中的人际沟通与信任对于展开田野工作和确保民族

---

① 福柯在表述人与知识之间的关系时曾经说过一段经典的话："作为知识的客体和认知的主体，人处于一种模棱两可的位置，像被奴役的君主，又像被观察的旁观者。"（Dreyfus et al.，1983：29）

志质量具有举足轻重的地位。林耀华先生曾言："从事社会学、人类学或民族学的研究，人际之间的沟通与信任十分重要……。有了友谊和信任，剩下的工作成果就只是刻苦和时间的问题了。"（林耀华，1999：11）林耀华先生还告诫后学：

人类学是人的研究，也是为了使人的生活更为和谐美满才进行的研究。良好的人际关系正是和谐美满的开始。因此，所到之处，我都先从人际沟通开始。有了友谊和信任，剩下的工作成果就只是刻苦和时间的问题了。西方人倾向于把人际关系看成"交换"或者"互惠"关系。换言之，搞好人际关系是个手段。作为中国人，特别是步入老年后，我越发觉得不太能接受这一点。我觉得良好的人际关系对于一个人过好一生至关重要。人生在世，在力所能及的范围内向亲人、朋友和所交往者提供帮助和方便，这本身就是人生的意义和目的。如果把这当成手段，那什么才是目的？哪里还有比这更重要的目的呢？

人类学民族学的研究对象通常是小社会、小社区里的平民百姓。如何摆正与研究对象的关系，我们做人类学民族学的，往往都是有经验也有教训的。以中国学者而论，大多数人我想是抱着认识中国、振兴中国的目的来从事研究的。但其中也有功利思想浓淡的问题，也有以研究对象为友、为师，还是以他们为愚氓，因而好为人师的问题。正是在这方面，我们在人们心目中塑造出我们学科或学者的形象。如果只是学问成功，而坏掉了学科或学者的形象，那总归是不太划算的。须知人类乃是一损俱损，一荣俱荣的关系。西方大国对我们颐指气使，中国读书人尚且深觉不快，更何况中国学者研究中国人，怎么能够因为从事了"人的研究"，就自以为肩负大任，气势凌人了呢？我在晚年愿对年轻人说这些话。（林耀华，1999：11-12）

法国人类学家列维-斯特劳斯对南比克瓦拉人酋长在纸上画线并向族人宣读的案例可谓经典，这个案例告诉我们，研究者与报道人存在一种互惠关系，而这种互惠关系在某种程度上维持了当地社会结构的权力关系。人类学家在那种情境中，既充满忧虑，又有点沮丧，因为他知道，酋长的举动或许只"为了增加个人的情感与地位，或者用以增加一种社会功能的权威与地位，其代价是将其余的人或社会功能加以贬抑"（列维-斯特劳斯，2009：363-364）。

南比克瓦拉人没有文字这是没有必要指出的，但他们还不晓得怎么画东西，只能在葫芦上面（画）几条虚线或画成个锯齿图案。不过，我还是像与卡都卫欧人在一起的时候那样，分给他们纸张和铅笔。起先他们拿着纸笔什么也不做，然后有一天我发现他们都忙着在画平面的波浪形线条。我在奇怪他们究竟想做什么，然后我突然恍然大悟，他们是在写字，或者应该更正确地说，他们是试图要像我写字时那样的运用他们手中的铅笔。这是他们所知道的铅笔的唯一用途，因为我还没有把我的素描拿出来给他们看，使他们高兴。绝大多数人就只画些波浪形线条，但酋长自己野心比较大。毫无疑问，他是土著里面唯一了解书写的目的的人。因此他向我要一本书写簿，我们手上都各有一本以后，便开始在一起写东西。我问他有关某件事情的问题时，他不回我的话，而只在纸上画些波浪形线形，然后把那些线条拿给我看，好像我可以读得懂他的回答似的。他几乎有点相信他自己的假装若有其事是真的；每次他画完一行的时候，便相当紧张地看着那条波浪形的线条，好像希望其意义会跃出纸上的样子，但每次都接着在脸上出现失望的表情。然而他从来不承认他自己看不懂，而我和他之间有个不成文的协议，认定他那无法辨识的写字是有意义的，而且其意思如何我得假装看得懂；还好，他把他写的东西拿给我看以后，都会马上再加上口头说明，因此我也就不必再要求他解释他到底在写什么。

他一把整群的印第安人集合起来以后，便马上从篮子里面取出一片画满波浪形曲线的纸，开始表演怎么读纸上写的内容，假装犹豫了一阵，查对我要拿出来和他们交换礼物的东西清单：某某人的弓箭将换取一把砍刀；某某人的项链将换得一些珠子……这场真做的假戏一演演了两个钟头。或许他是想欺骗他自己吧？更可能的是他想令他的同伴大感惊讶，要使他们深信他是在扮演着交换物品的中间人的角色，要他们相信他和白人有联盟关系，分享白人所拥有的秘密。（列维－斯特劳斯，2009：361-362）

　　酋长利用外来研究者的资源和权威来提高自己的权力与地位，列维－斯特劳斯肯定不乐意见到酋长"虚伪的表演"。但是，他们才相见不久，且都对对方充满猜疑，当地人与人类学家相聚只是为了交换礼物。作为一名受过理论熏陶的民族志研究者，肯定能够在田野中很快辨识出一些当地人的"表演"。这些"表演"可能就是当地人社会生活的常态，也可能是由于研究者的到来所引发的。列维-斯特劳斯所描绘的酋长的即兴表演在一定程度上是由于外来者的到来而引发的。在多数情况下，研究者没有必要破坏这种现实生活的氛围。

事实上，人类学家与他的合作对象的相逢与交往存在着一种内在道德张力或伦理含混性（格尔茨，2013：32）。格尔茨曾经讲过他的一位报道人与他不欢而散、分道扬镳的案例。故事大致如下。格尔茨在爪哇做田野研究时，有一位 30 岁出头的年轻店员作为他的报道人。这位年轻人是业余的作家，因此经常向格尔茨借用打字机。不过后来借用的频率越来越高，直接影响了格尔茨的工作。一天，年轻作家派小弟来借用打字机，格尔茨写了回条说他正需要用打字机工作。不久，小弟又带来年轻作家的便条，由于急事，年轻作家不能参加预定在次日的约会，不过可以改在三天后。格尔茨以为这是年轻作家以牙还牙，就又写了一个便条说，他没有冒犯年轻作家的意思，由于打算改去水稻田间，他可以腾出打字机来。过了三个钟头，小弟、打字机和一张很长的打印便笺就回来了，年轻作家表示不但不能赴下次的约，而且以后都不会参加格尔茨的工作了。年轻作家之后退回到用手抄写他的作品，而格尔茨也不得不找一个新的报道人。新的报道人是一位医务工作者，他对格尔茨的药品供给更感兴趣。（格尔茨，

2013：30-31）

　　格尔茨事后反思，年轻作家的离去不仅仅是因为格尔茨未能及时借打字机给他。更重要的是，未能借打字机这件事打破了他们之间的微妙关系。年轻作家希望被视作一个知识分子，也可以用打字机打出自己的作品，而且他认为他和格尔茨的关系是一种私人朋友关系。格尔茨的做法无疑破坏了这种不尽明朗的约定，以及相互之间的信任关系。格尔茨说，在这件事上，他犯了一个"堪称愚蠢的错误"（格尔茨，2013：30），一个"致命的错误"（格尔茨，2013：31）。格尔茨的这个失败的案例表明，在许多田野工作实践中，研究者与研究对象之间存在一种索取与被索取的关系，这种关系有时需要情谊的付出才能维持微妙的平衡。研究者在问询、索取的同时，亦应该有所回馈。当然，所有的回馈和情谊都应建立在真诚的基础上，并可能会有一些谦让与妥协。应当特别注意的是，被研究者会基于他们自己的实际情况要求建立一种互惠关系，民族志研究者要善于洞察被研究者的立场和需求，并妥善解决互惠关系中的潜在张力。还要补充一句，对于这种关系，研究者要"看破，而不能说破"。

　　在大多数情况下，研究者不应直接付给被研究者报酬，尤其对于那些具有长时间合作关系的被研究者而言。当研究者与被研究者双方都自愿合作时，双方的关系才能运转良好。研究者一旦许诺付给金钱，彼此的关系就会注入许多斤斤计较的成分。这不仅会大大增加研究的开支，也会使某些本来双方都欢迎的项目被取消。（怀特，1994：458-459）田野工作者不要害怕"欠债"，而应该秉持一种"延迟性回馈"的观念。当你离开田野点的时候，一定要记得告诉帮助过你的人："如果以后有我能帮助您的地方，您一定要联系我。"很多人类学家的后半生一直在"还债"——帮助那些以前接受过自己访谈、给予过自己帮助的合作对象。当然，对于多点调查中的被研究者，由于相处时间短，研究者可以用力所能及的方式帮助那些确需帮助的合作者。

三、拉鲁铁律

列维-斯特劳斯在《忧郁的热带》的开篇就表达过对整理田野笔记的厌恶与烦闷。他写道："我最后一次离开巴西，已经是15年前的事了，在这15年中间，我好几次都计划开始进行我目前要做的工作，但每次都因为一种羞辱与厌恶之感而无法动笔。每次我都自问：为什么要不厌其烦地把这些无足轻重的情境，这些无甚重大意义的事件详细地记录下来呢?"（列维-斯特劳斯，2009：3）事实上，每个民族志研究者都可能会面临与列维-斯特劳斯类似的情况。而且，时间拖延得越久，对整理田野笔记的厌恶感和无意义感越强。为了避免这种负面情绪，研究者必须及时整理田野笔记。

田野笔记是民族志研究者对田野工作现场的记录，也是民族志研究者后续书写民族志和构建学术理论最重要的原始资料。一般来说，田野笔记是田野工作中按时间顺序形成的日志，包括对人物、时间、场景构成的描述，包括研究者与人们的对话、观察到的互动过程、事件的进展和持续时间，也包括研究者与调查活动相关的经历和体验（刘易斯-伯克 等，2017：474）。田野笔记按照记录时间和详尽程度分为两类：一是田野现场的笔记，也可称为原始的田野笔记；二是经过整理、加工之后的笔记，也可称为田野日志。田野工作现场中的有价值的信息，无论是观察到的、访谈到的，还是体验和联想到的，都需要及时落在纸面上。一般而言，田野现场的笔记是由一系列时间节点、人物、关键词和语段构成的。研究者在整理田野笔记时会根据这些关键信息回忆当时的场景和故事，形成一个个浓描的段落。这些被浓描的重点段落往往与研究主题或理论建构工作密切相关，在研究者正式写作论文或著作时，它们可以被直接摘录和分析。

　　民族志研究者对于田野笔记的畏难或拒斥心理往往是多重因素叠加的结果。首先，一天的田野观察与访谈已经使人疲惫不堪，撰写田野笔记可能还需要几个小时的时间。其次，民族志研究者在田野观察或写笔记的过程中肯定会有类似于列维-斯特劳斯的那种对于事无巨细书写的无意义感。与此同时，还可能会有理不清头绪的理论焦灼感以及独自生活的寂寞孤独感。正是由于这些，田野工作赢得了社会科学家们的赞誉。我几次听到著名社会学家沈原教授称赞人类学家"了不起"，"因为人类学家做田野，他们从事的是'累人学'"。通常，一位民族志研究者的田野笔记会有几十万字之多，他们出版的民族志作品其实只是他们田野笔记中的精华而已。

美国社会学家安妮特·拉鲁（Annette Lareau）也曾有过"未及时做田野笔记"的失误，她后来拟定了一个严格律己的田野工作铁律："除非当天晚上或未来 24 小时有时间做笔记，否则你绝不要去田野现场。"这条规定被她称为"拉鲁铁律"。（拉鲁，2014：256）她还指出不及时整理田野笔记的害处：

> 我们要牢记，不做笔记的田野调查既无用又是一种损失。说无用，是因为没有笔记，观察就不能在研究中发挥作用；说是一种损失，是因为不做笔记的观察会浪费宝贵的时间和精力，带来新的问题，损害研究能力，让一个有收获的过程变成一个纯粹负担的过程。至少从我的经验来看，不做笔记的观察是不值得做的。（拉鲁，2014：257）

拉鲁也说，及时整理田野笔记要求民族志研究者自律执行。但是，也不能忘记，有一些田野时机一旦错过就不会轻易再来。在这种情境中，即使冒着不能及时整理田野笔记的危险，也要参与当地人的活动，进行田野观察。拉鲁在城市社会中的学校和家庭从事田野工作，每天可以回到自己的住所。这使得她的田野工作具有较大的可选择性和可调节性。对于身处异地的民族志研究者而言，"拉鲁铁律"意味着如果不能及时做田野笔记，就只能待在寄居之处。相对而言，身处异地的人类学家远离家庭、工作琐事的牵绊，能有更多时间整理田野资料。不过，他们可能会有另外的烦恼——就像马林诺夫斯基在自己的田野日记中揭示的那样——沮丧、怀疑、孤寂、愤恨、矛盾，以及情感和健康上的困扰。马林诺夫斯基带有私人性质的田野日记，不应该受到过分的苛责。如同弗思所说，与其说这本日记是为了记录马林诺夫斯基的科学研究过程和意图，记下在田野研究中每日发生的事件，毋宁说是对他私人生活、情感世界和思想轨迹的详细描绘（马林诺夫斯基，2015：13）。田野中的民族志研究者在很多时候会形单影只、茕茕孑立。因此，马林诺夫斯基夹带个人感情的日记在一定程度上是他私人生活、负面情绪的宣泄管道，是他在长时间田野工作中自我放松、自我疗愈的手段。田野工作者在整理民族志素材之时，可以专门开辟一个只对自己开放的栏目，记录自己的田野经历、情绪感受，以及其他一些具有隐私性的内容。这样的记录操作不仅会丰富民族志素材，也会消解田野中的愁苦，为新的工作积蓄力量。

现象学家思想中的"原意识"与"后反思"的思想启示我们，要及时整理和撰写正式的田野笔记，以防止田野经验的耗散及理论灵感的破灭。胡塞尔在其《纯粹现象学和现象学哲学的观念》中指出，一个人正在愤怒的行为与对愤怒行为的反思并不能同时发生，在反思中显现的愤怒已经不再是原本的愤怒了，而毋宁说它是一种通过反思而"消散的愤怒"，此时的愤怒已经发生了某种变异。而这里恰恰就是"原意识"与"后反思"的本质区别所在：原意识是在每一个体验进行时的意识，而反思却原则上只有在每一个行为进行之后才能将这个行为当下化（倪梁康，

2002：402-409）。据此，民族志研究者任何一次有意或无意的反思和讲述，都是一种"再造"，并且会加深对某种判断的刻板印象，同时使原意识的内容造成一定程度的"变质"或"衰减"。因此，我田野工作的经验是，绝不在整理原始田野笔记之前与别人分享田野经验，甚至也不会在有合理的阐释之前与别人分享田野经历。要做到这一点，研究者需要能够做到"处变不惊"，不断调控自己的喜怒哀乐。我的经验和建议是：无论何种情况，在完成一天的田野工作之后，至少要整理出 1000 字的田野笔记。研究者可以根据时间条件对记录内容做出详略安排，但要尽力反映出当日田野经历的全貌。

如今，语音转写技术的迅猛发展给民族志研究者带来了利好消息。专门的语音转写服务公司可以提供机器快转和人工精转的服务。这使得民族志研究者可以从繁重的整理录音工作中解放出来。但是，不得不做一个提醒，当你欣喜地看到文字稿的时候，实际上你可能失去了一次非常重要的理解被访谈者观点和构思理论框架的机会。与繁重的人工整理录音的体力工作一同消失的，还有被访谈者接受访谈时的情感、语调、停顿或者迟疑。因此，研究者还是要尽可能亲自动手整理录音为好！对于含有重要信息的录音语段，研究者要反复倾听，揣摩其中深意。

四、将理论带到田野

　　田野工作者的理论取向对于他搜集的经验材料的性质、类型、数量具有重要影响。在一百多年前，马林诺夫斯基就肯定了理论对田野工作的意义。他说，人类学家既是理论思想家又是田野工作者，田野工作者完全依赖于理论的启发，他可以从自身经验汲取理论的启发。在实际工作中，这两种身份和职能要在不同的时间和场域实现。（Malinowski，2005：7）马林诺夫斯基正确地指出了田野工作中研究者的经验与理论储备之间的交互作用。实际上，理论思想家和田野工作者的分野，只是工作时间和场域内的差异导致的，或者说这表现了民族志研究流程上的差异。与马林诺夫斯基的观念相类似，拉德克利夫－布朗也认为，深入的田野研究必须接受理论的激励和指导，而且研究者必须具备相关理论研究的最近发展的全部知识，以及有关田野地点的全部知识和资讯（拉德克利夫－布朗，2002：69，71）。

　　田野工作是民族志研究的基石，它同那些宏大理论既相互联系，同时又紧张对立（赫茨菲尔德，2009：6）。田野中的民族志研究者经常陷入某种程度的"理论焦虑"中——如何超越复杂而烦琐的具体田野经验？如何与既有的理论观点对话？选择何种理论阐释已发现的现象？如何从经验中提炼出新概念？如此等等。

马林诺夫斯基曾系统思考和论述了理论与先入为主的观念之间的关系，以及先入为主的观念与预设问题之间的关系。他的论述至今具有重要的指导意义。马林诺夫斯基深刻地指出："良好的理论训练以及熟悉最新的研究成果，不同于背负'先入为主的观念'（preconceived ideas）。"（Malinowski，2005：7）马林诺夫斯基对理论储备与先入为主的观念的区分具有重要意义。他不仅指出了二者并不是一回事，而且指出田野之前的理论储备并不是一种负担，也并不一定会影响田野研究。在马林诺夫斯基看来，理论训练与储备更像一个备用的工具箱；而先入为主的成见更像一种思维定式，需要研究者不断破除。马林诺夫斯基认为，一个出色的田野工作者需要随时做好准备，即在经验证据面前不断改变和抛弃自己的旧假设和旧观念。否则，他的工作将毫无价值。研究者带到田野中的问题越多，根据事实构建理论、运用理论分析事实的能力就越强。马林诺夫斯基还对先入为主的观念和预设的问题（foreshadowed problems）进行了区分。他认为，先入为主的观念在任何学科中都是有害的，而预设问题则反映了研究者的禀赋，而且这正是通过理论学习而得到的。（Malinowski，2005：7）

民族志研究可以预设问题和分析视角，也可以纯粹地自下而上提出问题、归纳和阐释现实。不过，二者各有利弊。前者可能由于追求理论对话而失去更有价值的经验现实；后者可以获取更为广泛的田野素材，但也会让读者感到理论深度不足的遗憾。民族志研究者是否事先预设理论视角，实际上取决于研究问题。一般而言，对于学术界尚未关注过的研究主题，可以不预先设置分析视角，尽可能通过田野工作描述和探索出更多有价值的研究问题。如果是一项回访研究或者是某类主题的再研究，研究者必须深入分析既有研究的背景、核心问题、理论发现、研究脉络、尚存破绽或缺陷等内容，做文献梳理与评论的过程实际上也暗含了某种理论分析视野。民族志研究者会有意无意地将这种视野带到田野工作中。民族志研究者在田野中"悬置理论"，并非指研究者大脑中没有理论观念，而是指要保持一种从实求知、谨慎做出判断的态度。

一般而言，民族志研究者的理论研究工作有两种取向：第一种是归纳的逻辑，即从具体的经验事实中抽象出一般化的概念或命题；第二种是证伪和重构的逻辑，即用新的案例证明已有的理论存在缺陷并建构新理论。前者一般以探求问题真相为导向，后者以理论批判和修正为导向。无论何种取向，任何一个民族志研究者在进入田野之前，他（她）实际上都是有理论的。田野工作中的理论阅读有助于研究者将注意力和思维从纷繁复杂的现实情境中抽离出来，进而抽象和概念化经验材料和编织理论结构。

田野中的事实皆由研究者自身掌握的概念和框架而被经验和思考。在此意义上，田野工作者的理论基础决定着其对田野现实的解读。与初入门的新手相比，高水平的民族志研究者拥有一种作为直觉的实践本领（布尔迪厄，2012：78），能够在较短时间内领悟情境的意义或者场所内外的结构关系。这种实践本领从根本上来说源于以往的田野经验和持续不断的理论思考。

心理分析学家海因茨·科胡特（Heinz Kohut）提出了"近经验"（experience-near）和"远经验"（experience-distant）的概念，格尔茨将其引入人类学的视野。近经验是指个体可以看到、感受到、想象到是什么东西的那些概念；远经验是指某一行业领域的专家，为了达到他们的目的而使用的那些概念和术语（格尔茨，2017：91）。格尔茨进一步指出，人类学者可能面临这两种经验上的困境："局限于近经验的概念，会使一个民族志学家被直接的事物所淹没，同时搅缠在地方俚语之中无法自拔。而局限于远经验的概念，则会使他搁浅于抽象之中，为专业术语所窒息。"（格尔茨，2017：92-93）民族志研究者的田野工作，可能会过多地陷入近经验的漩涡而不能自拔，因此适时从田野工作现场抽身而出，用远经验调和近经验显得尤为重要。

初入门的民族志研究者在选择一个地点或一个主题后，设想只进行一次田野工作就写出一个不错的民族志，这可能是非常不现实的。在长时段的田野工作之间安排几次离场，与导师、同侪进行学术交流，听取他们的意见，并阅读相关理论著作，这将是非常有裨益的。如果借用列维-斯特劳斯的观点，民族志研究者为了深入理解研究的人群和文化，应该将自己尽量地置身其中，同时又尽量地置身其外（列维-斯特劳斯，2017：36）。缺少置身其中，容易导致"走马观花"，忽视内部差异和多样性；忽视置身其外，容易导致"当局者迷"和"不识庐山真面目"的困境。正是在这个意义上讲，出色的民族志研究者要在田野现实与理论空间中不断来去。

马林诺夫斯基对美拉尼西亚新几内亚群岛的库拉贸易活动的观察是分为三个阶段完成的。在马林诺夫斯基的视阈中，中途离开田野现场进行反思与理论构建工作是人类学研究必不可少的步骤。他认为，理论建构的尝试与田野经验核查之间的穿插回应是相互助益的。暂时从田野点离场、再返场、再离场、返场，正是步步深入构建理论的过程。

事实上，我第二次考察与第一次之间相隔数月，第三次考察与第二次之间相隔一年有余。在这些间隔中，我都重温全部材料，并将其中一些部分整理到可以发表的程度，即使每次我都知道我必须要重写。我发现，这种构思工作和实际观察的相互增益是最有价值的，缺少它，我的工作不可能取得真正的进展。……任何对这一问题稍做思考的人都会明白，对于一个如此高度复杂、涉及面广的现象，若无理论建构的尝试与经验核查之间的穿插回应，就不可能获得精确与完备的信息。事实上，在实地考察以及在考察间隙，我草拟的库拉制度大纲至少有六个。每次都有新的问题和困难出现。（Malinowski，2005：10）

从田野归来的民族志研究者应立足于田野观察，一面细致地整理民族志素材，一面广泛阅读相关文献，拓宽理论视野。田野工作的"中场休息、调整"以及理论阅读的最终目的是将理论带回田野（bringing theory to the field），不断聚焦和深化研究主题，寻找新的线索和思路。在此意义上，民族志研究者的研究工作是一种经验与理论不断缠绕、不断明晰的过程。因此，民族志中蕴含的理论并不是在田野中被发现的，而是被修订的；并不是导引出来的，而是改进的；并不是解构的，而是重构的。理论正是在面对外部的异常现象与内部的矛盾之时得以延伸和提升的（Burawoy，2009：13）。

初入门的民族志研究者经常会在田野观察中证实既有理论，尤其是西方的理论，而很少能质疑既有理论并提出新的理论。实际上，社会科学理论发展的实践表现出一种偏向证实理论而非质疑理论的特征，这与既有理论的"霸权"地位有关，也与制度化的科学酬赏体系有关（林南，2004）。我们应当承认，人类世界的社会科学是统一的，社会科学的国别色彩是由各个国家和地区在发展社会科学的过程中常常以本国和本地区所面临的主要社会问题为对象而产生的。中西方社会科学理论虽存在差异和竞争关系，但可以彼此参照、相互激发。（巴战龙，2018）为了提出具有创新性的研究问题与观点，研究者应广泛涉猎与研究主题相关的中外、古今文献，勾勒不同性质的知识彼此间的关系（石之瑜，2005：168），分析不同研究者的站位、知识假设及其生产过程，分析它们在本体论与知识论层次上的联系，作为决定自己下一波次的研究议程和田野工作的参考。

五、多重验证

人类学家玛乔丽·肖斯塔克（Marjorie Shostak）曾经说，报道人经常告诉人类学家他们认为对方想听的话，有人甚至撒谎——为了隐瞒，出于冷淡，或者仅仅是开玩笑（肖斯塔克，2017：31）。格尔茨也讲过，在田野工作中，总会有一些人在某个不大可能的地方，等待着天真烂漫、愚昧无知、彬彬有礼、容易上当的研究者的出现。他们让研究者有机会不只得到问题的答案，还告诉研究者应该询问哪些人。有时候，这些人似乎是故意要引起他人的注意。格尔茨告诫研究者，必须与后一类人保持距离。同时，必须牢记，这些人的表述只是一种个人立场的表述（格尔茨，2011：67）。在田野工作中，不要轻信一个人的观点并进而将其视为整个人群的观点，不要把在一处观察到的行为误认为整个人群的行为方式。

初入田野的民族志研究者经常被"能说会道"的当地人误导或带偏。一些当地人可能并不是实际活动的参与者，但是他们面对陌生人不胆怯，且善于表达，往往被地方权威选择充当"发言人"或"被调查者"。在座谈会或短期的实地调查中经常会出现这种情况。2016年农历的二月初二，我和同事一起实地探访了城市边缘的一个"村改居"社区的民俗文化活动。那天，街道和社区精心准备了十几个文艺表演，有二百多人参与了活动。活动的最高潮是当地的小学生带来的舞龙表演。就在这时，一位当地电视台记者来对观众进行采访。我亲眼看到一位社区干部领来一位穿着时髦的中年妇女接受采访，中年妇女对着镜头眉飞色舞地表达着自己的幸福心情。但是，非常具有讽刺意味的是，这位妇女在此之前并未参与任何活动，接受完采访之后便心满意足地立刻回家了。有过这样的经历之后，我会对地方权威安排的报道人或者其他巧言令色的人保持警醒的态度。不是不能信他们说的话，而是不能仅听他们的一面之词。你最开始接触到的报道人很可能是占据支配地位的权力结构的一员，而你要做的是了解整个人群结构的全貌。

过去，民族志研究者进入一个原始的异文化社群，非常费力地找到几位可以消除语言壁垒的报道人，这几位报道人的观点就理所当然地被视为整个社群的观点。但是后来经常有民族志研究者在事后发现受到了欺骗——要么他们并不能代表全体，要么他们只是随口说说或者信口雌黄罢了。研究简单的同质性的社群尚且如此，更何况研究那些复杂的异质性的群体呢？民族志研究者因此发展了一套多重验证的技术，不再轻易单从某个人或某些人的观点就得出结论。肖斯塔克虽然只重点写了一位昆族女性妮萨的生活史，但是她还专门采访了另外八位有代表性的昆族女性和两位男性，将他们的表述与妮萨的表述进行比较，并相互验证。其中，女性的年龄在14—70岁之间，她们大体能代表20世纪60年代至20世纪70年代多比地区昆族妇女的各类生活状况（肖斯塔克，2017：32-33）。田野中的民族志研究者都应秉持一种谨慎、存疑待考的态度，对于从报道人口中获得的资料，都必须用实际发生的事件的详细记录反复核查、证实、补充（基辛，1988：18）。田野工作者可以通过观察研究对象在不同场景中的言行及相关外在表现，验证所得资料的真伪。

不同类别和不同层级的人们由于站位不同，往往会有不同的观点。在田野中验证某人的某个表述是否为真的过程，实际上也是从多维视角探寻事实真相的过程。田野工作者可以通过两种访谈方法增加针对某个问题的理解广度和深度。针对同质性群体，可以采用扩大访谈对象范围的方法。当新的访谈对象对访谈问题已经没有新的见解或咨询时，才表明访谈达到了饱和点（saturation point），可以停止选择新的受访者。针对异质性群体，可以采用分类访谈和分层级访谈的方法。例如，意欲了解一所学校学生学业负担和体育锻炼的相关情况，可以对这所学校低中高三个年级段的学生分别进行访谈，也可以分别听取学生、班主任、科任教师、年级主任、教学主任、校长、家长、教育局领导等不同层面的观点。

田野工作者有时为了节省成本而竭力搜集某个社群内部的文件资料或宣传材料。通常，这些文本资料是出于某些目的，按照一定的叙事逻辑对基本事实做了重新安排和再加工的，甚至包含一些夸张或掩饰的成分。研究者切不可轻信二手的宣传文本资料，而要通过多种方式甄别这些文本资料与真实情况的出入，辨别其中的观点代表了何人的观点。理解他者的社群和文化是一个

渐进的过程。民族志研究者描述基本问题、做出解释时必须慎
重，不能操之过急，而且要有随时做出更正解释的心理准备
（Hollis，1994：241）。我的田野经验是，对研究对象进行过多的
揣测和担心可能是无益的，研究者需要放下主观的忧虑和担心，
主动去和他者交流沟通。

六、聚焦与凝练研究问题

在进入田野之前，研究者往往已经选定了某个研究领域，甚
至某个研究主题。在搜集和阅读相关文献的过程中，民族志研究
者对自己的研究主题和研究问题也有了一定的认识和思考。格尔
茨有一句经典的告诫："研究的地点并不是研究的对象。人类学
家并非研究村落（部落、小镇、邻里……）；他们只是在村落里
研究。"（格尔茨，2014：29）格尔茨实质上在提示田野工作者，
一定要将田野地点与研究主题区分开来。如果有人问你在研究什
么，切不可将你的田野地点当作你的研究主题。

在与导师或学术同行交流中，别人关心你研究什么，你可以
用一个比较笼统的词语来回答他们，比如"0—3 岁幼儿的道德
性成长""少数民族村落的传统手工业传承""转型村庄的治理
策略"等等。相对而言，确定研究主题是容易的，而提出有价值
的研究问题是相对困难的。凝练一个有价值的研究问题是一个不

断探寻事实和深化阅读的综合过程。在一定意义上，田野工作和民族志写作可能并不是一个探寻答案的过程。可能你多年的研究历程就是从一个问题走到另一个问题的思想旅程——从寻找答案到接近问题（张慧真，2009：自序2）。

很多研究者都曾有过这样的经历：田野经验材料已经有了，甚至观点也已经有了，但是就不能根据经验提出一个有深度的研究问题。通常，在田野中聚焦和凝练研究问题是一个漫漫求索之后顿悟的过程。借用毛泽东对调查研究的表述，调查就像"十月怀胎"，找到一个好的研究问题就像"一朝分娩"。① 我们在进入田野之前，可能只是朦朦胧胧地对某个主题感兴趣，随着田野经验的增长，我们关心的主题可能别人已经论述过，并不值得再做研究。也可能我们的兴趣点会逐步转向那些更有意思的问题上去。无论哪种情况，我们接下来都会不断面对"你到底要研究什么"的困境。

1974年7月，布洛维进入芝加哥南部哈维镇联合公司的发动机分部工作，同时从事有关劳动过程问题的参与观察。不久，他就惊喜地发现，这家企业正是社会学家唐纳德·罗伊（Donald Roy）30年前做博士论文时的田野点。布洛维广泛阅读了埃尔顿·梅奥（Elton Mayo）、罗伊等人的工业社会学著作，发现其争论的核心问题是"为什么工人不更努力地工作？"。激进派认

---

① 毛泽东在《反对本本主义》（1930年）中提出："调查就象（像）'十月怀胎'，解决问题就象（像）'一朝分娩'。调查就是解决问题。"（毛泽东，1982：3）

为这是阶级意识、劳资之间冲突的体现；保守派则将其归因于工人们的天生懒惰、工人和管理者之间沟通的不充分。在经历过既轻视又敬畏的初始阶段之后，布洛维发现自己也会设法超额、完成配额、寻找新诀窍，甚至是冒着性命危险同时完成两件工作。这种实际工作经验让他意识到，之前的经典研究可能问错了问题，于是他开始关注一个反向的问题——为什么工人会这么努力地工作？为什么工人会主动地参与加强对自己的剥削，并且做不到的时候还会发脾气？（布若威，2008：20-21）布洛维后来出色地论证了工人的同意是如何在生产中被制造出来的，从而将生产中的霸权组织揭示了出来。当我们阅读诸如《制造同意》这样出色的民族志经典时，实际上很难发现研究者经历过的复杂构思过程，因为民族志的叙事逻辑已隐藏了研究者在理论与经验之间的循环往复以及可能的长时间的停滞不前。

不断聚焦研究主题、凝练研究问题是民族志研究者最重要的任务之一。我初次做民族志研究时的经历让我明白，从聚焦某个研究主题到提出具体的研究问题可能要经历一个较长的探索过程。当时我的研究主题是小学男教师的幸福状态。从 20 世纪末开始，中国的小学教师培养任务逐步由中等师范转移到高等院校，本科毕业的小学男教师在 21 世纪初有过短暂几年的优越地位，但相对于占大多数的女性教师来说，男教师在小学教师群体中是"少数群体"和"弱势群体"。我之所以关注这个主题，是想了解本科毕业的小学男教师的工作和生活状态，以引起社会的关注。我的研究内容经历了一个逐步聚焦的过程。

　　事实上，当我进入学校场域的时候，我还没有对研究问题有很深刻的认识，那时候我正在做梳理相关文献的工作。当我忐忑不安地向导师和同学汇报完我初步整理文献的结果时，他们向我提了很多关于"幸福"和"教师幸福"的问题，诸如"幸福到底是什么""幸福与快乐是什么关系""幸福受哪些因素的影响""幸福有没有相对性""前人研究了教师幸福的哪些方面"，等等。由于当时搜集的资料相当多，"眉毛胡子一把抓"，导致我对很多问题都不能说清楚，最后导师建议我把教师幸福的定性研究和定量研究分别整理，暂时把"幸福是什么"搁置起来，首先完成定量研究的整理。我接受了导师的建议，用了两个多月的时间，从将近300篇的文献中挑选出48篇有关教师幸福的定量研究，对其进行了归纳梳理。随后，我又对教师幸福的定性研究进行了梳理，发现教师幸福研究应转向实践领域。

　　对理论研究的梳理与到小学进行观察是同步进行的，在一定程度上，做到了理论与实践相结合，思想与行动相互验证。

　　…………

　　在小学进行参与式观察寻找问题的过程中，还不断面临着学院老师善意的质疑与批评："什么是幸福"，"怎样衡量一个人是否幸福"，"你能把幸福说清楚吗"？……面对一次次的"责难"，我并没有退缩，而是针对问题不断探索、学习，从问题中汲取养分，不断充实完善自己的研究。

　　需要感谢的是，最终的研究目标的确立得益于王智秋教授的直接点拨和启发。当我汇报研究进展时，王老师一针见血地问我

"你到底想研究什么",并帮我点出研究的目标:已有的研究主要围绕"教师幸福是什么""教师幸福的影响因素"以及"如何使教师幸福"而展开,但是对于教师个体的幸福究竟怎样,各种因素是如何影响教师幸福的尚没有研究。根据国内已有教师幸福研究所取得的成绩和不足,以及走进学校场域中的观察与思考,我逐步确定了研究目标:

● 学校场域中,小学青年男教师个体的幸福状况如何?
● 学校场域中,小学青年男教师个体幸福受哪些因素的影响?这些因素是如何相互作用或影响的?

经过一个多学期在小学听课、与合作教师交流互动,围绕着两个研究目标,我逐渐把以下几项作为重点观察和研究的内容:

● 个人因素对教师幸福的影响;
● 课堂教学对教师个体幸福的影响;
● 作研究对教师个体幸福的影响;
● 教研组对教师个体幸福的影响;
● 家庭、社区,以及社会政治、经济、文化等因素对小学青年男教师幸福的影响。(陈学金,2012:185-186)

事实上,由于民族志成果最终要以研究问题作为线索,统领和整合有价值的经验材料,因此聚焦与凝练研究问题贯穿整个民族志研究的始终。在搜集材料、记录和整理田野笔记、撰写民族志的过程中，初步构拟的研究问题总是与新的经验材料、缄默的和正式的理论观点①碰撞，碰撞的结果便是不断聚焦和修订研究问题，如图4-1所示。田野工作者会从某些习得的或缄默的理论中获得分析框架、视角、概念用来解释田野经验，提出新的研究问题和理论假设，并在进一步的田野工作中搜集材料检验这些新观点。研究者记述与分析从田野中搜集到的材料，提出新的研究问题，经过抽象化和概念化的过程，以形成新的理论观点。

在聚焦与凝练研究问题的过程中，田野工作者特别需要一种杜威所说的"反省思维"（reflective thinking）。杜威曾经深刻地指出，"思维由某种事物作为诱因而发生"（杜威，2005：21），"思维开始于困惑的、困难的或混乱的情境"（杜威，2005：93）。这种困惑或混乱的情境就可能隐藏着有价值的研究问题。杜威特别看重反省思维，将其定义为"现有的事物暗示了别的事物（或真理），从而引导出信念，此信念以事物本身之间的实在关系为依据"（杜威，2005：18）。杜威明确区分了反省思维中的"事实"与"信念"，并指出反思的目的在于引导、推敲和修正信念。但是，反省思维并非那么容易和简单。他论述道：

> 然而，有了疑难的状态，也有了先前的经验，能够产生一些联想，思维还未必就是反省的。因为人们可能对所得的观念没有

---

① 缄默的理论是指研究者对某种现象的固定的认知，通常是内隐的、默会的。

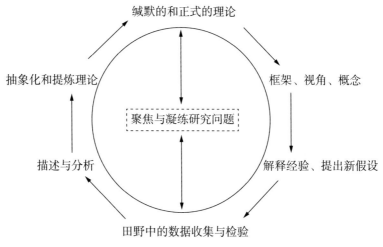

图 4-1　聚焦与凝练研究问题的过程

（改编自 Marshall et al.，1989：23）

加以允分的批判。他可能是匆匆忙忙地得出结论，而没有对结论的根据作出衡量；他可能放弃了或过分削减了研究、探索的行动；他可能由于心智的怠惰、麻痹，只采用了第一次出现的"答案"或解决办法，而不肯耐心地寻求某种更为稳妥的方案。只有人们心甘情愿地忍受疑难的困惑，不辞劳苦地进行探究，他才可能有反省的思维。（杜威，2005：21）

　　杜威指出，一方面，事实或资料必须用来暗示或检验某些观念，用来找出克服困难的某些方法，否则，单纯的事实或资料便是一堆死东西。另一方面，观念必须用来指导新的观察，用来对过去、现在或将来的实际情况进行反思，否则，单纯的观念就是凭空的推测、空想和梦幻。最后，观念必须由实际材料和另外原有的观念来核查。（杜威，2005：93）在杜威的论述中，观念与经验事实之间的冲突或不完全匹配就会构成一种认知困境，产生新的研究问题。新的经验材料或者理论视角再不断激发出新的研究问题。

民族志研究者的问题灵感经常来自某一现实情境中的诧异、混乱、惊奇、苦恼、沮丧、怀疑、愤懑或孤独。陷入困顿中的民族志研究者可能会经历挫败感，并发出这样的感慨——"我为什么要过他们（被研究者）的生活？"，"他们的生活到底值不值得我们去过？"。当你正处于这种焦灼的状态时，一定要暗自庆幸，并加强对观察到的事实的脉络化分析。或许在下一刻，一个有价值的研究问题就呼之欲出了！

七、拓展案例

我们可以将"案例"视为与研究问题相关的研究单位。案例依据研究问题确定，它可能是个人、事件、机构，甚至整个国家或地区。由于单个的田野研究存在视野狭窄、难于比较和脉络化等诸多不足之处，人类学家探索运用拓展案例的方法弥补这些缺陷。"拓展案例"包含两个方面的含义：一是在不扩大田野地点边界的条件下，深入探索田野地点内部的信息，以增加对被研究人群组织结构、矛盾冲突、价值规范等方面内容复杂性的认知；二是增加田野地点的数量，引入区域性、国家，甚至全球范围内更为宏观的要素，以实现综合性的比较分析或创新理论的目的。在人类学界，有关拓展案例法的理论讨论首先得益于英国人类学的曼彻斯特学派。我们可以从曼彻斯特学派的讨论中得到一些启发。

曼彻斯特学派的领袖人物马克斯·格拉克曼（Max Gluck-man）在 1961 年提出了"拓展案例法"的概念。他在《社会人类学的技艺》的导言中指出，许多正在出现的有关社会系统稳定性和变迁形式的新问题需要运用拓展案例法来解决（Epstein，1967）。实际上，曼彻斯特学派的学者主要在中非从事田野调查，这些民族志大多取材于村落社会，都研究村落内部或城镇的结构性张力，以及发生冲突和解决冲突的过程（库珀，2021：184-193）。对社区内部冲突的关注，加之时代变迁，促使人类学者深入思考人类学的理论和方法论的问题。格拉克曼的学生亚普·范维尔森（Jaap van Velsen）认识到结构主义理论的不足：结构主义旨在揭示社会形态的轮廓，将观察到的行为和人际关系抽象为群体之间的结构关系，这些关系又被进一步抽象为经济、政治、亲属等制度形式，但它们却无法有效地解释系统内部的规范冲突和变异行为，范维尔森因此强调要重视社会过程和情境的分析（Epstein，1967：129-149）。范维尔森"拓展案例"的目的，在一定意义上是挑战结构主义有关组织内部一致性的假设。他的拓展案例法以揭示村庄内部的矛盾冲突为切入口，试图从内外互动的视角理解这种冲突，从而引入并分析外部因素对村庄内部矛盾、村庄变迁的影响。

　　曼彻斯特学派的门徒布洛维将反思性的理解引入拓展案例法，从而将其提升至"外显意识的层次"（Burawoy，1998）。布洛维曾经在赞比亚、美国、匈牙利、俄罗斯等国家的工业场所进行田野工作。20世纪80年代末，布洛维探索将民族志研究与宏观的历史研究结合起来，从而提出了"跨越边界的民族志"（ethnography unbound）的概念（Burawoy et al.，1991）。"跨越边界"是指设法超越微观的、当下的和归纳法的限制（Sica et al.，2005）。当民族志研究者将目光投向全球时，那种具有自主逻辑的封闭地点的想法显得更加浅薄和充满想象。布洛维的全球化项目小组将研究"地点"转向研究"领域"，亦即研究地点之间的关系。他们通过跨国界、多地点的民族志来探索这一想法。然而，连接不同地点的线索比他们想象的更加复杂、多变。尽管他们在不同地点进行了田野工作，但最终他们中的每个人都被迫选择了一个地点作为他们的主要观测点。（Burawoy et al.，2000：preface Ⅶ）这也是其他探索多点民族志的研究者普遍使用的一种研究策略。

　　拓展案例对于研究那些无法长时间定点观察的特定人群显得尤为重要。若在一个岛屿、村庄、学校或工厂中做研究，民族志研究者依据研究主题的需要可以观察和访谈足够多的个体，搜集足够数量的事件信息。在这种有固定田野地点的研究中，通过滚雪球等方式积累研究案例要容易得多。但是，在研究流动中的人群或具有某类特征的特殊人群时，由于人们并非生活在一个固定的实体社区之内，寻找到合适的研究对象并被研究对象所接纳并非一件容易的事，因此民族志研究者必须想方设法拓展研究案例的数量。

人类学者文华为研究整形美容行业，于 2005 年至 2007 年在北京从事田野工作。由于整形美容这个话题既敏感，又涉及个人隐私和商业机密，一开始文华经常被拒绝，在讨论一些敏感问题时甚至被认为是"间谍"。在这种情况下，文华通过调动各种社交关系，结识了北京整形美容行业的三位重要人物，才逐步进入行业内部。（文华，2019：19-24）最终，文华一共走访了 42 家整容医院或诊所，访谈到 58 位女性。在这些研究对象中，既有中国第一位"人造美女"郝璐璐，也有整形美容圈内的知名顾问、被国有企业辞退的员工、离开事业单位创业的成功者、来自农村的美甲师、受过良好教育的办公室女性、酒吧歌手、模特、销售代表、家庭主妇等等。研究者除了走访美容医院和诊所之外，还走访了美容院、瘦身中心、发型工作室和美甲店。因为在这些非正式环境中，女性更愿意讨论有关身体美容的话题。（文华，2019：131）

社会学者肖索未为研究社会转型期的婚外包养现象，于 2005 年至 2007 年在广州和宁波两地进行田野调查。在田野工作初期，肖索未在一位表妹帮助下到各种饭局寻找研究对象，其间经历了"格格不入"以及不少"惊恐"的情境。接近和访谈这类被包养女性的难度可想而知，而且访谈相关的男性更不愿意接受访谈。研究者原想在后半段时间去深圳调查香港货车司机和工薪阶层的情妇，但很快放弃了这个计划，留在广州继续跟踪调查；原先计划访谈30—50个包养案例也完成不了。最终，肖索未一共搜集到19个婚外包养的案例。她也坦陈，由于受到各种限制，她的研究不能涵盖婚外包养的全部情况，比如没有打入政府工作人员或大富商的圈子，也疏漏了女大学生群体。（肖索未，2018：21-25，177-189）

综上所述，无论何种形式，拓展案例的基本目的在于，可以引入更多的个体性因素或结构性因素，从而丰富和深化对某一人群或某一现象的深入理解。像整形美容、婚外包养这样的研究主题都是跨越区域、阶层、民族、职业、年龄、性别、宗教的社会现象。由于研究成本和研究者社会关系网络的限制，民族志研究者的研究对象只能在某些区域或某些阶层范围内选择。尽管如此，民族志研究者也在尽力追求拓展案例的数量，因为这样有利于把握研究对象的全貌和结构性特征。很多时候，民族志研究者为了聚焦深描，不得不重点搜集一些类别的案例，而舍弃其他类别的案例。当然，在积累一定数量案例的前提下，如果条件允许，研究者可以运用调查问卷等量化研究方法作为辅助手段，以扩展研究范围、加强某些资料，或检验某些假设（周德祯，2001：54）。总而言之，对于不同案例的比较，可以分析共通性因素和差异性因素。通过寻找和分析异常或极端案例，可能激发新的理论观点或修正既有理论假设。

八、田野中的伦理

理想中的研究者与被研究者的关系是一种包含知识、物品、情感的双向互动互惠过程。民族志研究者像蜜蜂一样采花粉酿蜜，这个隐喻揭示出民族志研究者与被研究者之间不平等和不均衡的关系。在一定意义上，花儿是付出者，蜜蜂是收获者。若蜜蜂促成了花粉的播撒，那么它对于花儿们也是有益的。民族志研究者从当地人那里获得招待、获得研究资料，甚至还获得一些当地特产。研究者利用这些资料撰写论文，然后获取学位、声誉或工作职位。但是，被研究者和被研究社群能从研究中收获什么呢？这是一个有担当的研究者必须思考的伦理问题。

在田野工作中，研究者需切记以下伦理：

第一，尊重和努力理解被研究社群的文化习俗和价值观。

第二，研究对象是"人"，而不是获取资料的"工具"，研究者需要时时刻刻尊重他们作为人的权利。

第三，研究者要向研究对象、被研究的社群承诺并履行保密和匿名原则。

第四，向研究对象说明他们有随时退出研究计划的权利。

第五，录音、摄像、录影时要征得当事人的同意，他们有权利要求获得这些音频、影像资料。

第六，尽可能全面地搜集和使用研究资料，在写作中诚实地叙述田野经验，不能断章取义，更不能贬损被研究者的人格和文化，发表论文或报告要避免给当事人带来任何可能的负面影响。

唯有获得被研究者的信任，田野工作者才可能获得真实可靠的资料。无论身处何种境地，田野工作者都需要以诚相待。人类学家李亦园先生 20 世纪 60 年代在彰化县水尾泉州厝做田野工作时，由于当地人对"外省人"缺少信任，很难收集到有关政治问题的材料。不过一次突发的事件改变了这种情况。

有一次，我住在一个村中领袖家中，他在当地算是名流，由于住在那里，他们对我的感觉多少还不错。这家的主人有三个太太，他自己住在城里，大太太住在乡下，带了一个小丫头——早年台湾盛行养丫头和婢女，我和我的助手陈中民（现为美国俄亥俄州立大学人类学系主任）住在她的另一间房子里。这位老太太对我们很客气，但不亲密。有一天，老太太骂丫头骂得很凶，小丫头跑了，直到吃晚饭时还不回来。老太太很着急，跟我们商量怎么办。我们说我们去找。那一天风很大，下着雨。我们三个人披着雨衣，拿着手电筒到处找。我们对老太太说，你回去吧，我们两个找，她不肯。找了一两个钟头，终于在村中土地庙后找到小丫头，她已经睡着了，大家都很高兴。经过这一夜的同心合力之后，老太太打破戒心，把我们当做自己人，我们也能够参与进去了。不但能参与进去，而且村里人也不避讳我们。因为她跟村里人讲，他们不是外人，所以从那一天起，村里人才开始相信我们。从那时起，得到的材料非常的深入。在那个夏天，我们常常躺在庙里的长椅上，听老人们聊天。他们已无视我们的存在，常常谈论一些政治派系、政治态度的话题，谈各种传闻和歌谣，那种材料才是真实的。（李亦园，1999：105-106）

民族志研究者在田野工作中会面临一些伦理困境。这些困境都可以归结为研究者的角色冲突——是做一个客观的观察者，还是做一个积极的介入者？做一个客观的观察者不会破坏社会情境，但是要眼睁睁地看着局面向坏的方向发展，可能还要面临来自内心的谴责；做一个积极的介入者，则可能影响场域内的权力关系，破坏某种客观现实，但是处于弱势或不利条件下的参与者可能会从中受益。我的田野工作经验是，在面临伦理困境时，用尽可能不引起他人注意的方式提醒或帮助处境不利的人。我在学校从事田野工作时就是这样操作的。在抉择自己的利益和帮助他人面前，我更多地会选择帮助情境中的弱势者。

田野工作结束时，最好的办法是民族志研究者记下被研究者的地址和联系方式，同时也将自己的联系方式留给被研究者。无数经典民族志研究表明，研究者可以和被研究社群建立一种持续几十年的友好关系，研究者可以进行回访与再研究，产出系列研究成果。除此之外，研究者能够给当地社群带来一种"延迟的回馈"。譬如，费孝通先生的博士论文《江村经济》使得江苏开弦弓村名满天下，开弦弓村成为了解和研究中国农村的窗口。林耀华先生的名著《金翼》、庄孔韶的后续研究《银翅》以及纪录片

《端午节》《金翼山谷里的冬至》都帮助福建黄田镇金翼村（原名岭尾村、凤亭村）积累了更多的文化底蕴。目前，金翼村正在依托"金翼之家"文化项目探索以文兴旅、文旅融合的乡村振兴之路。

综前所述，田野工作是民族志素材与研究者洞察力的直接来源。人类学家也一直将田野工作视为一项神圣的事业。正如李亦园先生所言："田野工作有时免不了会有一些冒险，而长期的田野工作经常是单调而寂寞的，但是人类学者却一直乐此不疲，我想其原因在于田野工作固然有其困难甚至痛苦的一面，但是其职业性的乐趣却是外人所难于想到的，或者可以说，正因为是乐趣与艰苦并存着，而能够胜过艰苦的乐趣，其乐就无穷了。"（李亦园，2002：38）

参考文献

巴战龙，2018. 民族教育理论构建：一个紧迫的议题［J］. 民族教育研究（3）：9-11.

布尔迪厄，2012. 自我分析纲要［M］. 刘晖，译. 北京：中国人民大学出版社.

布若威，2008. 制造同意：垄断资本主义劳动过程的变迁［M］. 李荣荣，译. 北京：商务印书馆.

陈学金，2012. 困顿与超越：学校场域内小学男教师幸福的叙事探究［M］//丁钢. 中国教育：研究与评论：第15辑. 北京：教育科学出版社：167-277.

杜威，2005. 我们怎样思维·经验与教育［M］. 姜文闵，译. 2版. 北京：
　　人民教育出版社.

费孝通，2009. 费孝通全集：第十七卷［M］. 呼和浩特：内蒙古人民出
　　版社.

福柯，2016. 词与物：人文科学的考古学［M］. 莫伟民，译. 上海：上海
　　三联书店.

格尔茨，2011. 追寻事实：两个国家、四个十年、一位人类学家［M］. 林
　　经纬，译. 北京：北京大学出版社.

格尔茨，2013. 烛幽之光：哲学问题的人类学省思［M］. 甘会斌，译. 上
　　海：上海人民出版社.

格尔茨，2014. 文化的解释［M］. 韩莉，译. 南京：译林出版社.

格尔茨，2017. 地方知识：阐释人类学论文集［M］. 杨德睿，译. 北京：
　　商务印书馆.

赫茨菲尔德，2009. 人类学：文化和社会领域中的理论实践［M］. 刘珩，
　　石毅，李昌银，译. 北京：华夏出版社.

怀特，1994. 街角社会：一个意大利人贫民区的社会结构［M］. 黄育馥，
　　译. 北京：商务印书馆.

基辛，1988. 文化·社会·个人［M］. 甘华鸣，陈芳，甘黎明，译. 沈
　　阳：辽宁人民出版社.

库珀，2021. 人类学与人类学家：二十世纪的英国学派［M］. 沈沉，译.
　　北京：商务印书馆.

拉比诺，2006. 表征就是社会事实：人类学中的现代性与后现代性
　　［M］//克利福德，马库斯. 写文化：民族志的诗学与政治学. 高丙中，
　　吴晓黎，李霞，等译. 北京：商务印书馆：285-314.

拉德克利夫-布朗，2002. 社会人类学方法［M］. 夏建中，译. 北京：华

夏出版社.

拉鲁，2014. 家庭优势：社会阶层与家长参与 [M]. 吴重涵，熊苏春，张
　　俊，译. 南昌：江西教育出版社.

李小云，2020. 河边扶贫实验：发展主义的实践困惑 [J]. 开放时代（6）：
　　28-44.

李亦园，1999. 田野图像：我的人类学研究生涯 [M]. 济南：山东画报出
　　版社.

李亦园，2002. 李亦园自选集 [M]. 上海：上海教育出版社.

列维-斯特劳斯，2009. 忧郁的热带 [M]. 王志明，译. 北京：中国人民
　　大学出版社.

列维-斯特劳斯，2017. 面对现代世界问题的人类学 [M]. 栾曦，译. 北
　　京：中国人民大学出版社.

林南，2004. 中国研究如何为社会学理论作贡献 [M] // 周晓虹. 中国社
　　会与中国研究. 北京：社会科学文献出版社：48-92.

林耀华，1999. 林耀华学述 [M]. 杭州：浙江人民出版社.

刘谦，2010. 田野工作方法新境界：实证主义与人文精神的融合 [J]. 广
　　西民族大学学报（哲学社会科学版）（2）：61-66.

刘易斯-伯克，布里曼，廖福挺，2017. 社会科学研究方法百科全书 [M].
　　沈崇麟，赵锋，高勇，等译. 重庆：重庆大学出版社.

马林诺夫斯基，2015. 一本严格意义上的日记 [M]. 卞思梅，何源远，余
　　昕，译. 桂林：广西师范大学出版社.

毛泽东，1982. 毛泽东农村调查文集 [M]. 北京：人民出版社.

倪梁康，2002. 自识与反思：近现代西方哲学的基本问题 [M]. 北京：商
　　务印书馆.

乔健，1999. 漂泊中的永恒：人类学田野调查笔记：增订版 [M]. 济南：

山东画报出版社.

石之瑜，2005. 社会科学知识新论：文化研究立场十评［M］. 北京：北京
　　大学出版社.

韦伯，1999. 社会科学方法论［M］. 韩水法，莫茜，译. 北京：中央编译
　　出版社.

文华，2019. 看上去很美：整形美容手术在中国［M］. 刘月，译. 上海：
　　华东师范大学出版社.

肖斯塔克，2017. 妮萨：一名昆族女子的生活与心声［M］. 杨志，译. 北
　　京：中国人民大学出版社.

肖索未，2018. 欲望与尊严：转型期中国的阶层、性别与亲密关系［M］.
　　北京：社会科学文献出版社.

休谟，穆拉克，2010. 人类学家在田野：参与观察中的案例分析［M］. 龙
　　菲，徐大慰，译. 上海：上海译文出版社.

张慧真，2009. 教育与族群认同：贵州石门坎苗族的个案研究（1900—
　　1949）［M］. 北京：民族出版社.

周德祯，2001. 教育人类学：文化观点［M］. 台北：五南图书出版股份有
　　限公司.

朱晓阳，2018. 介入，还是不介入？这是一个问题？：关于人类学介入客观
　　性的思考［J］. 原生态民族文化学刊（3）：1-10.

BURAWOY M, 1998. The extended case method［J］. Sociological Theory, 16
　　（1）：4-33.

BURAWOY M, 2009. The extended case method：four countries, four decades,
　　four great transformations, and one theoretical tradition［M］. Berkeley：Uni-
　　versity of California Press.

BURAWOY M, BLUM J A, GEORGE S M, 2000. Global ethnography：

forces, connections, and imaginations in a postmodern world [M]. Berkeley: University of California Press.

BURAWOY M, BURTON A, FERUSON A A, 1991. Ethnography unbound: power and resistance in the modern metropolis [M]. Berkeley: University of California Press.

DREYFUS H L, RABINOW P, 1983. Micheal Foucault: beyond structuralism and hermeneutics [M]. 2nd ed. Chicago: University of Chicago Press.

EPSTEIN A L, 1967. The craft of social anthropology [M]. London: Tavistock Publications.

HOLLIS M, 1994. The philosophy of social science: an introduction [M]. Cambridge: Cambridge University Press.

MALINOWSKI B, 2005. Argonauts of the Western Pacific: an account of native enterprise and adventure in the Archipelagoes of Melanesian New Guinea [M]. London: Routledge.

MARSHALL C, ROSSMAN G B, 1989. Designing qualitative research [M]. London: Sage Publications.

SICA A, TURNER S, 2005. The disobedient generation: social theorists in the sixties [M]. Chicago: University of Chicago Press.

SPINDLER G D, 1970. Being an anthropologist: fieldwork in eleven cultures [M]. New York: Holt, Rinehart and Winston.

第五章

民族志的写作

　　无论是在田野还是在学院的环境中，文本化（textualization）都是民族志事业的核心（Clifford et al.，1986：264）。在田野中搜集资料只是民族志研究的第一步，真正艰难的是回到书斋中写作民族志。深入整理田野笔记、撰写民族志、分析民族志或建构理论的过程往往需要花上一年乃至数年的时间。毫无疑问，将田野工作中的经验材料与理论思考转化成文本形式是民族志研究的核心工作。马林诺夫斯基指出，在民族志的原始信息素材与最后权威的结果表述之间，存在着巨大的距离（Malinowski，2005：3）。民族志写作是一个包含持续地书写、回顾田野、厘清问题、对话理论、构思框架、组织材料的综合过程。民族志写作的过程可以将社会现实具体化，同时又在这种具体化中触及社会现象的核心。

　　马林诺夫斯基不仅指出了搜集材料的类别与方法，而且论及如何架构和撰写民族志。他说，要像拿着放大镜一样观察和描述细节，之后，要远距离审视我们的调查对象，把整个制度放到我们的镜头之内（马凌诺斯基，2002：441）。无疑，马林诺夫斯基写作民族志的方法论植根于人类学的整体观和功能主义理论。不过，这种操作方法对于愈益细化的学术研究主题已很难产生真正的帮助。列维–斯特劳斯将一项人类学研究分为民族志、民族学和人类学三个阶段：包括田野工作、观察和描写的民族志是研究的初级阶段；民族学是走向综合的第一步，尽量做出宽泛的结论；人类学阶段以前两者为基础，以获得有关人类的全面知识为目标。对于如何进行民族学的综合，他列举了三种取向：如果打算把涉及相邻群体的观察结合进来，可采用地理取向；如果想再现一个或数个民族的往事，可采用历史取向；如果选取某种技术、习惯或者制度，可以采用系统化的取向。（列维–斯特劳斯，2006：326-327）但列维–斯特劳斯并未阐述如何具体操作。主要得益于后现代主义人类学和实验民族志学者的努力，民族志写作越来越成为一项可以公开讨论的议题。

美国著名教育人类学家哈里·F. 沃尔科特（Harry F. Wolcott）和斯宾德勒夫妇（George Spindler & Louise Spindler）曾经分别论述过优秀民族志的标准。沃尔科特指出，一个适切的研究问题是民族志的基础，研究问题通常是由研究者根据田野经验和理论基础自主提出和界定的。民族志研究者自己就是研究工具，研究者要具备人类学的理论基础及相关的研究禀赋。（Wolcott，1975）斯宾德勒夫妇则提出了民族志的 11 条标准，其中有价值的观点包括：观察需要脉络化（contextualized），从田野观察中提出研究假设，要能反映当地人的社会文化知识，具有跨文化或比较的观点，等等（Spindler，1997）。马库斯和费彻尔指出一部好的民族志具有三个特点：首先，它应该通过描写田野工作环境，解说日常生活的意义，关注微观过程，来暗示人类学者曾经身历其境；其次，它应该通过对异乡他族的文化和语言进行跨越界限的翻译，显示出民族志作者的语言功底，并表现他对土著文化的意义和主体性的掌握；最后，它应该赋予文化以整体观的意义（马尔库斯 等，1998：46-47）。基于既有理论论述以及我自己的民族志写作和阅读经验，我认为，一部出色的民族志作品应符合如下五个条件。

第一，一个有价值的研究问题。研究问题通常以田野观察为基础，并能与既有理论充分对话。

第二，经验材料以扎实的、较长时期的田野工作为基础，并能反映当事人的行为、观念和逻辑。

第三，既包含深入、具体、生动的微观社会事实描述，又包括合理准确的中观、宏观的理论阐释。

第四，具有跨时间、跨文化或多案例的比较视野。

第五，叙述事实细致、简洁而流畅，阐释理论逻辑清晰、深刻而隽永，叙事和说理能够融合成为一个有机的整体。

人类学家埃里克森曾经针对英语世界的民族志作品提出了富有见地的批评："大部分人类学作品，要么缺乏好的故事，要么普遍不愿意去打破常规做出大胆的比较，使得这些文本在大多数时候不受欢迎；即便这些作品有时讲述了故事或者采取了比较的方法，但是这些故事和比较被隐藏在了学术的迷宫与学科内部的术语之中，并不能被更多的读者辨识。"（埃里克森，2019：159）埃里克森号召人类学家冲破学术壁垒，通过创新书写方式，营造与普通大众互动的公共空间，将人类学的知识奉献给社会。在当前中国学术情境中，与其他人文社会科学的论文相比，民族志论文被认为事无巨细、过于烦冗，只有少数几种民族学类期刊和三四种社会科学类期刊能够接受较长篇幅的民族志论文。因此，中国民族志学者面临的难题不仅是如何创新写作手法以吸引普通读者的问题，更为重要的是，在学术竞争日益加剧的情势下要适应主流期刊论文规范，以便在重要期刊发表民族志论文。对于民族志初学者而言，精读优秀的民族志作品，学习谋篇布局、阐释分析策略、叙事技巧，是一项必不可少的功课。

在此，我特别推荐若干国外学者和中国学者的民族志著作供读者阅读参考。我推荐的国外学者的民族志著作包括：《制造同意——垄断资本主义劳动过程的变迁》（布洛维著）、《生命的尊严：透析哈莱姆东区的快克买卖》（菲利普·布儒瓦著）、《人行道王国》（米切尔·邓奈尔著）、《美国富裕郊区的黑人学生：一项学业懈怠的研究》（约翰·奥格布著，Ogbu，2003）、《音乐神童加工厂》（伊莎贝拉·瓦格纳著）。我推荐的中国学者的民族志著作包括：《村落视野中的文化与权力——闽台三村五论》（王铭铭著）、《跨越边界的社区：北京"浙江村"的生活史》（项飙著）、《走进竹篱教室：土瑶学校教育的民族志研究》（袁同凯著）、《单位与公民社会的碰撞：教改者的真实故事》（欧阳护华著）、《学校教育·地方知识·现代性——一项家乡人类学研究》（巴战龙著）。

一、追寻事实与理论阐释

民族志研究者从田野现场返回书斋之后，记忆之中一幕一幕的场景，以及田野笔记、录音和影像材料，最终会变成民族志文本："一个较为线性的、被作者赋予了明确规定与控制的故事。"（埃默森 等，2012：291）列维-斯特劳斯指出，人类学家的民族志著作创造了一些应该仍然存在但事实上早已不存在的幻象（列维-斯特劳斯，2009：31）。如果将写作民族志的过程视为一项建构工作，那么建构的就是已经发生的事情之间相互关系的后见之明，亦即事实之后我们拼凑整合而成的图景（格尔茨，2011：3）。简言之，民族志写作最基本的目的在于追寻和再现社会事实。对民族志事实的阐释在未来可能被新研究证伪，但具有客观性的民族志事实仍然具有价值。

民族志研究者如何构思和写作民族志呢？格尔茨曾自问自答地写道："那些最初只是一面之缘的经验，和并非完全亲眼目睹的事件，最后究竟如何变成成形的、被记录或重述的事实？这似乎主要得益于过程中集合而成的总体印象，也就是那些关于事物之间如何联系的经过加工的意象。"（格尔茨，2011：20）"过程中集合而成的总体印象"虽然只是一种笼统的说法，但它说明民族志重构事实的依据是一系列田野工作经验的整体。格尔茨还指出，民族志理论建构的根本任务不是整理抽象的规律，而是使深描成为可能；不是跨过案例进行概括，而是在案例中进行概括（格尔茨，2014：33）。至少在这点上，格尔茨的论述并未超出马林诺夫斯基很远。

从目前的学术环境来看，民族志作品要经常面临其他学科学者尖锐的挑剔。套用皮埃尔·布尔迪厄（Pierre Bourdieu，又译皮埃尔·布迪厄）的话来形容，民族志在纯粹的经验主义者看来过于理论化，而在纯粹的理论家看来过于经验主义（布尔迪厄，2012：82）。民族志研究的两大支柱是观察与逻辑，民族志对世界的理解必须言之有理，并符合我们的观察。概略地说，田野工作中的资料搜集处理的是观察的层面，理论处理的是逻辑的层面。分析资料和写作民族志可以视为比较逻辑预期和实际观察、寻找可能的模式（巴比，2009：12）。因此，民族志写作是一种"讲故事"和"说理"的双重过程，讲故事属于经验层面（empirical），说理属于逻辑层面（logical）。一项优秀的民族志，其叙事的逻辑往往能与说理的逻辑达成有机的统一。因此，提升民族志文本的写作质量，实现可读性和理论性的完美结合，是民族志研究者最为重要的目标。达到叙事与理论论证完美的统一是民族志研究中的一项重要技能。

堪称人类学家的阿历克西·德·托克维尔（Alexis de Toc-queville）在写作《旧制度与大革命》之时思考最多的问题就是如何"把事实与思想、历史哲学与历史本身结合起来"（托克维尔，2012：1）。他在 1850 年写给友人的信中写道："最使我伤脑筋的难题是历史本身和历史哲学相结合。我还没看出来怎样使二者结合（可是它们必须结合，因为人们会说前者是画布，后者是颜料，必须二者具备才能作画）。我担心一个损害另一个，担心自己缺乏那种要选择好支持思想的史实就必须具备的极大本领；叙述史实要充分，以便自然而然地通过对叙述的兴趣把读者从一种思考引入到另一种思考，又不能赘述过头，以便使著作的特点始终清晰可见。"（托克维尔，2012：5）依照托克维尔的观点，经验事实如同画布，哲学或思想如同颜料，构建文本的过程如同作画。"画布"和"颜料"的隐喻很富有启发性，但是对于"颜料"从何处而来或者如何选择"颜料"，"颜料"与"画布"的关系如何，托克维尔当时并未过多论述。托克维尔指出文本构建具有的重要性和艰难性，同时也指出叙述事实在论述观点中的基础性和引导性地位。

民族志研究初学者的知识往往由那些具有理论特征的简化公式构成，而专家的知识建立在许多案例的深刻体验以及区分这些案例的情形和细微差别的能力基础之上（弗莱杰格，2018：466）。出色的人类学家往往对田野工作终身不辍，他们会积累相当多的案例故事。一位出色的民族志研究者也肯定非常熟悉某一领域的高水平文献，这样有利于形成高质量的理论对话。因此，民族志研究者围绕某一主题开始写作时有两个出发点：一方面是学术理论的某一传统，另一方面是其田野观察到的"本土叙事"或"民间理论"（folk theory）。而在真实的世界中，这两个方面一直相互影响。（布洛维，2007：84）在一定意义上，民族志的写作过程就是研究者将既有学术传统与田野观察到的"本土叙事"有机整合在一起并深入阐释的过程。换言之，民族志的写作过程如同在田野工作时一样，需要在资料与理论之间进行持续的相互激荡（巴比，2009：84）。民族志研究中"理论"与"经验"的相互激荡可以分为两个方面，如图 5-1 所示：一是利用已有理论解释田野中发现的事实或者提出假设；二是将经验资料概念化和抽象化，以形成理论层面的认识。前者遵循演绎的逻辑，后者遵循归纳的逻辑。在田野工作和民族志写作中，这两种研究逻辑总是被交替和循环运用。

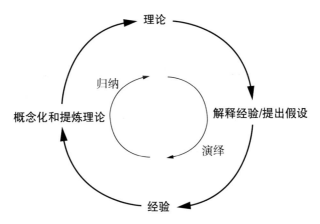

图 5-1　民族志研究中"理论"与"经验"的相互激荡
（改编自 Chambliss et al.，2015：25）

二、从经验中提炼概念

　　学术概念是社会科学理论的核心构件。民族志研究者从田野观察和经验材料中构思新的概念和提炼学术概念，这无疑是民族志研究的最大难点，但也是研究者孜孜以求的事业。借用社会学家郝大海教授的观点，民族志研究者从田野经验中提炼学术概念要经历三个由浅入深、由表及里的抽象过程：研究者在田野现场首先看到"一地鸡毛"，然后逐步认识到它是一只"鸡"，最后形成一种"家禽"的抽象认知[①]。发掘和提炼概念是对经验资料的分析和整合，而且此过程在搜集资料时就已经开始了。概念化是质性研究者组织资料与赋予资料意义的一种方式。（纽曼，2007：560-561）研究者若能从经验研究中提炼出有价值的学术概念，更是能够反映出自己的学术水准与学术贡献。但是从具体到抽象的过程，往往需要非常艰辛的工作。对于这一点，英国著名教育社会学家巴索·伯恩斯坦（Basil Bernstein）曾经讲过，对研究者而言，经验浓缩成一个概念经常需要耗费一段相当长的时间，只有经历长时间淬炼出的概念才能反映出第一时间无法体验到的东西（伯恩斯坦，2007：6-7）。

　　[①]　2023 年 1 月 12 日下午及晚上，正值降雪之时，我在中国人民大学拜访郝大海教授，他提出了这个譬喻。

我们以布洛维的经典研究作为案例，分析提炼概念的过程。布洛维在研究"为什么资本主义工厂工人会这么努力工作?"的问题时，提出了"作为游戏的劳动过程"（labor process as a game）的概念。根据布洛维的分析，将劳动过程构建为一个游戏正好有助于资本主义掩饰和确保剩余劳动。这个概念既是一个解释的概念，也是一个批判的工具。（布若威，2008：99）布洛维之所以能提出这个概念，主要得益于三点：一是对工业社会学的理论进行梳理与批判；二是提出一个有价值的研究问题；三是将从参与观察中得到的工厂经验进行了抽象概括。

布洛维首先分析了产业社会学的组织理论及其悖论。在其看来，有关工厂组织的一致论（consensus theory）和冲突论（conflict theory）都存在重大缺陷，因此必须摒弃关于潜在冲突或和谐的形而上假设，直接面向工厂可观察的行为。紧接着，他将封建主义和资本主义的生产关系进行比较，指出资本主义中的必要劳动和剩余劳动在时间与空间上并没有分开，因此资本主义劳动过程的本质就在于同时掩饰和获取剩余价值，从而引出到工厂研究劳动过程的重要意义。在理论方面，布洛维不仅继承了马克思的分析资本主义生产的经典概念，还从安东尼奥·葛兰西（Antonio Gramsci）的文化霸权理论中汲取营养，并且从批评哈里·布雷弗曼（Harry Braverman）的《劳动与垄断资本：二十世纪中劳动的退化》的主要观点中获得了益处。

出于某种巧合，布洛维的田野点"联合公司"与30年前社会学家唐纳德·罗伊的田野点"吉尔公司"是同一家公司，存在历史上的关联。1945 年，吉尔公司为政府和其他公司供应引擎、铁路支架、升降卡车和其他设备。1953 年，吉尔公司被联合公司吞并，成为一个分部。布洛维的研究因此成为一项回访研究，罗伊 30 年前的经验数据构成了布洛维历史比较的对象。虽然非公开的参与观察身份限制了罗伊在吉尔公司搜集资料的广度，不过他的论文仍然提供了许多车间内合作与非合作的经验观察。罗伊写了一系列有关产量限制的开创性研究论文，他关注的核心问题是"为什么工人不更努力地工作？"。布洛维依据其自身的田野经验，提出了一个相反的问题——"为什么工人会这么努力地工作？"。在其看来，既有研究特别强调资本主义生产过程中的强制性，而在垄断资本主义阶段，工厂管理者倾向于诱导工人们心甘情愿地出卖劳动力。

　　布洛维细致观察了工厂内部不同岗位的劳动过程及其相互关系，并将其与 30 年前的情况做了比较。布洛维发现，操作工为了实现"赶工"（making out，又译超额）的目的（布若威，2005），不得不与计划员、仓库值班员、叉车司机搞好关系。计划员负责分派任务，还承担一些保证部门按时造出必需零件的责任，仓库值班员负责分发工具，叉车司机负责运输物料。他们都能影响操作工的工作时间和产出，一般的操作工不敢得罪他们。操作工生产出来的成品要经过检验员的验收，因此他们之间也存在着利益冲突。工头被认为是赶工游戏的促进者和仲裁者，只要操作工和辅助工没有冲突，工头就不会专制干预。操作工为了赶工，必须私下规避或忽视管理高层制定的规则，与辅助人员建立起非正式的同盟关系，制造自己的工具，等等。车间组织文化也是围绕赶工而展开的，这突出表现在工人们在车间里和午餐时的对话主题和习语上。每个工人都会迟早被吸纳进这套"赶工文化"的行为和意义体系中，并且根据这套规则自我定位和相互评价。

布洛维之所以能提炼出"赶工游戏"和"作为游戏的劳动过程"的概念，一方面得益于其扎实的田野观察，另一方面则受益于既有劳工社会学研究的启发。布洛维引用了一些已有研究成果，这些研究虽然发现了工厂中"游戏"的存在，却没有找到适合的解释框架并指出工厂游戏的本质。布洛维指出，劳动过程中的游戏既不是工人独立自主的表现，也不是对管理的反制。事实上，车间管理层不仅鼓励操作工生产他们的配额，而且默许操作工设下限制产量的行为。也就是说，工头和计划员都是游戏中的玩家。参与工作游戏，一方面由于他们无从选择，另一方面他们也能从中得到相对的满足感。将劳动过程视作一种游戏，正可以表明，参与游戏过程的行为本身就产生了对其规则的同意。游戏并不反映出劳资双方的利益一致性，相反，游戏是和谐的原因并制造出了工厂内部的和谐。

布洛维进一步分析指出，"内部劳动市场"的兴起和"内部国家"的巩固，扩展了工人的选择，在制造工人的同意中发挥着互补的功能。内部劳动市场（internal labor market）提升了工人在工厂内部的流动性，降低了工人与基层管理人员之间的冲突，同时培育了具有竞争性的个体主义，造成新的不同岗位之间的横向冲突。内部国家（internal state）指的是一套在企业层面上，组织、改造或压制生产中的关系与生产关系所引起的斗争的制度。内部国家的申诉机制建构了具有权利和义务的工人，其集体议价的机制可以协调工人与资方的利益。布洛维对传统劳动过程理论的推进突出表现在将工人的主体性带回劳动过程之中，而且将工人甘愿受资本剥削置于企业、工会和国家互动的宏观背景中探讨，并提出了生产的政治（politics of production）这一理论范式，激发了持续不断的学术讨论（闻翔 等，2007）。

　　民族志研究者在田野工作中要尽力对观察到的经验事实进行抽象和概括。将观察到的微观经验事实抽象化和概念化是进一步提炼问题和深入分析的基础。这些微观的经验事实既可能是人们的行动和互动模式、行动策略、思维模式、情感表达模式，又可能是家庭、村庄或政府的行为，还可能是其他一些社会和文化现象。譬如，费孝通将 20 世纪上半叶政府和乡村建设者推行的农村教育过程概括为"文字下乡"，并对其困境做了精辟的论述。60 年之后，以此为基础，社会学者熊春文用"文字上移"来概括大规模撤点并校和寄宿制学校建设工程所导致的大量农村学校急剧消失的现象（熊春文，2009）。又如，费孝通在《生育制度》中提出儿童抚育包含生理抚育和社会抚育两方面的内容，而常见的方式是由父母分别担任社会性和生理的抚育工作，"严父慈母"就是对这种模式的概括（费孝通，2009a：299）。对于中国传统农业社会而言，"严父慈母"的确是一个准确的概括。不过，当代中国城市家庭又涌现了新的养育模式。肖索未的研究发现，当前城市家庭中广泛存在一种代际育儿合作现象，母亲是育儿的"总管"，祖辈是"帮忙者"角色，承担大量的儿童生理性抚育和家庭照料的工作，她将这种新型养育模式概括为"严母慈祖"，并认为这是一种非制度化的弹性权力关系（肖索未，2014）。

再以我自己的研究为例。为了探究 2—3 岁幼儿在从家庭到幼儿园的场景转换过程中建立群体秩序的过程和机制，2017 年 9 月至 2018 年 6 月，我在北京一所民办幼儿园从事田野工作。在观察教师与幼儿之间的互动时，我发现幼儿园教师对托班幼儿使用了"行动的程式化""物人互拟转换""多感官并用训练""食物统驭术"四种管教模式。这四个概念都是我从丰富的田野观察中提炼出来的。以"食物统驭术"为例，之所以能提出这个概念，是因为我对一个课堂事件进行了细致观察与深描。

10 月的一天中午，在午餐之前，乐乐因为与紫悦产生冲突而发脾气。凯欣让乐乐给紫悦道歉，乐乐一连说了几个"不要"。凯欣老师无奈，只好让她站在旁边反省，承认错误后再吃饭。乐乐一开始说："你们吃吧，我才不吃呢！"可是，没过 3 分钟，她望着其他几个人吃饭的样子，露出可怜巴巴的眼神。周海老师走到乐乐身边，说："只要你给紫悦道歉，我们就去吃饭了！"乐乐低下头，不再趾高气扬，给紫悦道了歉，紫悦也说了"没关系"，一场小矛盾也就化解了。（陈学金，2021a：76）

我将幼儿园中与食物有关的教师和幼儿的互动实践与权力关系称为"食物统驭术"。食物是一种能够满足幼儿生理需要同时又具有潜在管教功能的资源,这被幼儿园教师和保育员顺理成章地加以利用。"食物统驭术"主要分为如下几类:在某个幼儿不听教导时,教师会假装威胁不许幼儿吃饭;教师在幼儿吃饭的时间顺序和空间位置上做出刻意安排;将食物作为幼儿良好行为表现的奖励(陈学金,2021a)。

从经验观察中抽象和提炼学术概念,不仅有赖于研究者对田野场景的深入观察和描摹,而且特别依赖于研究者提炼概念的意识和概括化的能力。无论是在田野工作中,还是在写作民族志文本的过程中,民族志研究者都需要一种雄心壮志——我也要像某位社会科学家那样提出自己的学术概念。将经验事实抽象化和概念化,需要一种化繁为简、去芜存菁、切中要害的能力。这不仅需要较为扎实的理论基础,而且需要较强的文字表达能力。《论语》《礼记》《淮南子》等中华传统经典,连同许多中国成语、俗语都具有高度抽象化的特征,凝结着中国人的价值理念和实践智慧。因此,经常阅读古文经典将有助于开阔视野和提升概括化能力。

三、用理论解释经验

并不是每一次研究都能创造出全新的理论和观念。研究者经常从其他相关研究中借鉴理论、观念或分析框架，并加以修订，使它们可以用来解释新的研究问题（格尔茨，2014：34）。对于大多数探索性和开创性的民族志研究而言，由于缺乏对所研究现象的记录和理论分析，研究者不得不吸取、借鉴其他相关学科的成果来阐释自己的经验发现。譬如，儿童人类学作为一个新兴的研究领域，它需要综合借鉴各学科的成果来解释经验。虽然生理学、语言学、心理学、教育学、脑科学等学科都研究儿童并取得了众多的成果，但是这些学科都不以真实条件下的儿童为研究对象。儿童人类学者观察、记录儿童的活动、情感和言语等信息，然后借鉴多学科理论阐释经验。

在 2012—2015 年，我对自己的女儿金宝 0—3 岁时的家庭生活情景做了观察和记录。随后，我以引起我惊奇、疑惑的场景为研究对象撰写了民族志论文，经验材料涉及幼儿的动作、言语学习、意义获得、思维发展等多方面。这篇民族志论文共计约 18000 字，经验材料大约有 3000 余字，除去文献综述和研究展望之外，论文的绝大部分在解释经验事实。由于针对 0—3 岁的婴幼儿的民族志研究相对匮乏，这也给我的民族志书写带来了不小的挑战。我一方面扩大理论阅读，挑选具有契合性的理论，一方面探索婴幼儿民族志的书写模式。我从这篇已发表的论文中摘取一节进行分析①，这一小节的标题是"动作、语言符号与意义"。

---

① 选自《家庭文化中幼儿成长的民族志探究》（陈学金，2018：120-123）一文，收入时有修改。

　　"鼻鼻"，这个很有意思的称谓，是金宝的"专属动作"。金宝11个月大的时候，她会无意识地偶尔喊出"妈"和"奶"的声音，而且只是一声。星期五晚上，我和妻子到家之后，妻子赶快去抱金宝，我只能在一边看着。这时，奶奶对女儿说："金宝儿，快给妈妈鼻鼻一个！"话音刚落，只见女儿撅起嘴，吸起鼻子，有节奏地呼吸着，并伴着点头的动作。

　　奶奶说金宝一次无意间做了这个动作，奶奶觉得很可爱，就对她说："再给奶奶来一个！"于是她就又做了一次。奶奶说："你这是做什么呢？鼻鼻呢呀！"于是这个可爱的动作就有这么一个可爱的名字。

　　在接下来的日子里，金宝充分发挥了她在动作上的天赋，又分别"发明"了"眼儿一个""转手腕"和"谢谢"等动作，并能在成人的要求下做出相应的动作。(2013年2月20日，星期三)

　　"鼻鼻"这个动作是金宝第一个掌握了名称的动作。实际上，她是在"鼻鼻"这个音与点头这个动作之间建立起了联系。通过这个片段可以得出，"鼻鼻"这个具有某种特定性的个别词语的意义是在言说者与行动者自然的家庭生活中形成的，言说者、行动者在同一情境或相似的情境中理解这个词语的特定含义。"鼻鼻"这个词就是一种"符号"，但这与巴甫洛夫条件反射实验中铃响的"信号"是根本不同的。在幼儿逐步掌握词语发音的过程中，实际上已经具备了一种抽象和概括化的能力，此时，幼儿的思维也在发展中。

　　"野兽能够思考，但它们不会讲话"，创造与使用语言符号是人与动物相区别的重要标志之一。在德国哲学家恩斯特·卡西尔（Ernst Cassirer）看来，人是一种能够创造和运用符号的动物，符号化的思维和符号化的行为是人类生活最具代表性的特征。符号（symbols）不同于信号（signs），信号是"操作者"（operators），而符号是"指称者"（designators），信号在被理解和运用时仍然有着某种物理的或实在性的存在，而符号仅有功能性的价值。语言是人类创造和使用的最重要的符号性工具。语言符号具有选择和分辨意义、保存记录和贮存意义、理解特定意义、组织意义等功能。事实上，包括语言在内的符号系统是将集体的社会文化成果"内化"为个体的心理机能的过程的真正负载者，充当了"社会性工具"的角色。

实际上，恩斯特·卡西尔早就注意到了儿童"对名称的渴望"这一现象。他精辟地分析道："靠着学会给事物命名，儿童并不只是在他原先的关于现成经验对象的知识中加上了一张人为记号的目录表，而毋宁是学会了构成那些对象的概念，学会了与客观世界打交道。从此之后，这个儿童就站在更坚实的地基上了。他那含混模糊、波动不定的知觉以及朦胧的情绪，都开始采取了一种新的姿态。……一个儿童有意识地使用的最初一些名称，可以比之为盲人借以探路的拐杖。而语言作为一个整体，则成为走向一个新世界的通道。"

儿童的语言习得是以认知的发展为基础的，在个体与环境的相互作用中，在与成人进行的语言交流中形成的。苏联著名心理学家列维·维果茨基（Lev Semenovich Vygotsky，1896—1934）

可能是最接近于人类学家的心理学家。他认为，对现实的概括是言语的基本特征。维果茨基的研究是在批判皮亚杰（Jean Piaget，1896—1980）理论的基础上展开的。皮亚杰认为，儿童的言语和思维由一种原始的、最早的"我向思考"，通过自我中心思考和自我中心言语逐步到达社会化言语和社会化思维。这也就意味着，在皮亚杰看来，婴幼儿的语言与思维发展中存在一个非常个体化的、独立的阶段，不受家庭与社会的影响。而维果茨基批驳了皮亚杰的发展图式，认为儿童的言语发展首先是社会的，然后是自我中心的，接下来转变为内部言语。概言之，维果茨基与皮亚杰在理论上的不同在于，思维发展的真正的方向不是从个人思维向社会思维发展，而是从社会思维向个人思维发展。在维果茨基的理论中，儿童的心理发展过程就是从直接的、内在的、自然的行为方式，向在文化中得以发展的中介性的、人造的心理机能的转化。实际上，幼儿在出生后不久所发出的"咿咿呀呀"的声音具有情感的、社会交流的功能。幼儿在完整地说出一个词语之前，他就生活在一种家庭和社会交往的语言环境中，在很多情况下，他都能运用表情与动作实现与父母和周围人的沟通。

金宝已经1岁4个月了，可是她会说的话少得可怜，目前只会叫"妈妈"。但是当我与她一起玩耍时，我发现她不善表达，心里明白很多事，但是说不出来。她能听懂我说的话，可以做到我要求的动作，模仿能力很强。

上午，金宝和她的妈妈跑累了，就坐在床上休息。为了让她从奔跑的状态中停下来，妈妈又故技重施，玩起了"变魔术"。

在金宝大约 1 岁的时候，妈妈跟她一起玩过这个游戏。妈妈把一个小玩具拿在手里，在她面前晃来晃去，突然迅速地藏起来，然后两手向前摊开，说："没!"金宝会四处乱搜，直到找到为止，而且下一次再找的时候，她会先找之前找到过的地方。

我以为她还会像以前一样找来找去，找到之后会冲妈妈大笑。可是，她却给了我们另一个惊喜。当金宝妈妈扔掉玩具，摊开手说"没"之后，她就小心翼翼地把手中的玩具放下，摊开双手，很小声地说："没!"虽然声音很小，但我们听得心里很激动：女儿会说新的词语了!

在接下来的日子里，这个"没"字可是起了大作用。当她和别人一起玩耍时，她会来上一个小魔术，逗得身边的大人、小孩儿都大笑起来；当她没吃饱饭，碗里或手里没有食物了，她也会说"没"。后者是没人教她的，她自己却可以把这个字意理解透彻，并应用到生活中。(2013 年 5 月 26 日，星期日)

对于成人来讲，词语与事物之间的联结已经相当牢固，因此，年轻的父母很难理解子女最初形成概念时的那种复杂的心理状态。当一个幼儿学习"没"这个声音的符号时，他（她）实际上是在一个真实的社会互动的情境中，父母为其展示"有"和"无"的动作过程，实际上，他（她）真正要做的，是用"没"这个语言符号代替从有到无的这个意义情境。这是一个概括化与抽象的过程。

上述金宝学习"没"这个词的过程，是一种模仿的过程。这个模仿过程既包括具体情境中的活动展示与反复练习，也包括词的发音的模仿。对于"没"这个动词来说，"有"和"无"的前后情境对比是理解这个词义的关键。也正是在这个意义上，美国教育家约翰·杜威认为，任何一个人，只有当他具备了和意义有实际联系的某些情境的经验，他才能掌握这些符号的意义（杜威，2005：194）。

对于个体与社会、文化的关系，人类学家费孝通曾经有过一段精彩的论述："生物人的成为社会人，是靠'学而时习之'，靠模仿，对模仿不满足后，就要创造，个人的创造为社会接受后，改变为集体的东西，就超越了个人，成为集体的和不朽的文化。"（费孝通，2009b：513）

为了说明金宝在动作与概念之间建立联系的过程，我首先引用了文化哲学家卡西尔的观点。卡西尔对符号、符号化思维和儿童对名称渴望的论述，正好可以成为儿童习得概念的背景。随后，我又引入心理学理论对经验现象进行了分析。维果茨基对皮亚杰理论的批判，恰好与人类学家的社会文化决定论的观点一致。紧接着，我又叙述了金宝第一次将言语和动作结合的案例。如果说，之前的案例仍属于概念习得的无声阶段，那么第二个案例则进入有声阶段和实际操演阶段。为了解释这个案例，我引用了杜威有关经验与符号意义的观点。最后，在这一节的结尾，我引用人类学家费孝通的观点，期望对儿童的经验阐释能够得到进一步的联想与升华。

用既有理论解释自己观察到的经验现象，最重要的是要有一个不断丰富、随时可用的"理论储备箱"。阅读学术经典和注重平时积累就是必不可少的工作。对没有受过系统社会科学训练的读者而言，乔纳森·H. 特纳（Jonathan H. Turner）的《社会学理论的结构》绝对是建立理论储备箱的最佳选择之一（特纳，2006）。无论用何种理论视角阐释经验材料，都要切记经验材料的阐释存在一个限度。民族志的书写工作要避免阐释不足（underinterpretation）和过度诠释（overinterpretation）。对经验材料阐释不足会让读者产生隔靴搔痒或者意犹未尽的感觉，其根源在于对经验材料理解不透彻、不深刻，或缺少更有力的分析视角或框架。虽然有解构主义理论家反对为文本诠释事先划定一个边界，认为"四平八稳、不温不火的诠释表达的只是一种共识"，"诠释只有走向极端才有趣"（艾柯 等，2005：119），才能挑战权威、推动创新。但是，民族志研究者的分析阐释仍然区别于文学评论家的工作，应遵循"有几分证据说几分话，有七分证据不说八分话"（胡适语）。避免阐释不足和过度诠释的根本，主要在于将社会事实放置于具体的情境中以及"上下""左右""前后""内外"的脉络关系中分析。

四、挑战既有理论观点

若非一类极为罕见的研究对象与主题，民族志的写作过程肯定需要回应既有理论、观点和事实。只有向既有理论观点提出挑战并修正人们的认知，民族志才能更有价值。即使像马林诺夫斯基那样不看重理论假设的人类学家，也格外重视对既有理论观点的梳理和评论。而且，越是高水平的学者，越是能够准确把握某一领域的经典文献，并从一种更高位的批判视角对经典文献发起致命的批评，以凸显自己民族志研究的价值。我们以《原始社会的犯罪与习俗》一书中的第一部分"原始法律与秩序"为例，分析现代人类学家是如何根据田野现实来批评既有理论并提出自己的观点的。

马林诺夫斯基的《原始社会的犯罪与习俗》初版于1926年，后被法律人类学界视为这一领域的开创性著作。在这部短小精悍的著作开篇，马林诺夫斯基开门见山地提出研究问题：原始人为什么会服从行为准则，而不论这些准则多么的苛刻、令人生厌或不受欢迎？是什么力量形塑了原始社会的法律和秩序？（马林诺夫斯基，2007：3）随后，马林诺夫斯基列举了四位著名学者的观点并分别予以批评。西德尼·哈特兰（Sidney Hartland）在《原始法律》中提出，原始人的方方面面被禁锢在群体的古老习俗之中，并被理所当然地接受，从未试图摆脱。马林诺夫斯基反驳道，将任何强制性约束视为理所当然而予以接受，不正与人性背道相驰吗？马林诺夫斯基列举的第二个观点是人类学家里弗斯的观点。里弗斯在《社会组织》中提出，在诸如美拉尼西亚人这样的民族中，群体情感使得权力的行使不必借助任何特定的社会机构，基于同样的原因使得部落公有制成为可能。马林诺夫斯基批驳里弗斯的观点与来自美拉尼西亚社会的一手资料相差过于悬殊。紧接着，马林诺夫斯基批评莱昂纳德·霍布豪斯（Leonard Hobhouse）在《演进中的道德》一书中的观点掩盖和隐藏了真正的问题，其对法律的定义也过于狭窄。最后，马林诺夫斯基批评美国人类学家罗伯特·H. 路威（Robert H. Lowie）有关"原始人是自发地服从于不成文法"的观点，指出人们是基于道德、情感或注重事实的理性，而并非出于任何自发性来遵守规则。马林诺夫斯基认为，通过对事实的归纳检验，在不受任何先入之见或没有创意的定义的困扰时，才能对原始社会的规范和规则做出令人满意的甄别。

为了研究原始人的法律和秩序，马林诺夫斯基首先将注意力放到特罗布里恩德岛民的生计方式、渔业组织和经济交换过程之上。根据马林诺夫斯基的记述，每一条捕鱼独木舟都由船主与船员构成，他们通常属于同一家族分支。独木舟的所有和使用由一系列明确的责任和义务构成，并把一群人结合成一个分工协作的团体。在船只的使用上，每一个共同的拥有者都有权在其中获得一席之地以及与此相关联的责任、特权和利益。马林诺夫斯基随后分析了岛上内陆社区居民与渔民之间的交换关系。内地村寨向渔民供应蔬菜，而沿海的社区则以鱼作为回馈。在马林诺夫斯基看来，互惠（reciprocity）构成了经济义务背后的驱动力量。相互交易的双方通常是姻亲、盟友或库拉交换中的搭档。在每一次行动中，每一方都密切关注着对方履行义务的程度和行为的公正性。在交换活动中，炫耀的欲望、显示慷慨大度的抱负、对积累财富和食物的尊重，构成了履行义务的另一种强制力。在马林诺夫斯基看来，正是经济和物质上的互惠，以及与此相关的特殊的心理机制，形塑了原始社会的秩序。即使在交换活动中会有障碍、抱怨、责备，人们也会保持伙伴关系，促使他们这样做的原因部分是私利的诱导，部分是出于顺应他们的社会抱负和情感的需要。

为了揭示互惠及其相关的心理机制存在的广泛性，马林诺夫斯基又分别叙述了特罗布里恩德群岛丧葬中带有宗教性的行为和规则，由婚姻构建起来的两个家庭之间的礼物、义务、利益关系，以及部落生活中的公平交换规则。就这样，马林诺夫斯基证明法律确实涵盖了土著居民的整体的部落结构和全部文化事项。在此基础上，马林诺夫斯基进一步总结学者既有的观点——原始人具有"原始的前逻辑的心理""混乱的原始分类""文化普遍不定型"，他批评这种观点只说明了事物的一面，是一种真假参半却极具误导性的陈述。马林诺夫斯基意在表明，在原始社会中除了法律规则以外，还有一些其他类型的主要是由心理动机或力量来支持的规范和传统戒律，它们在任何情况下都与具有法律特征的规则迥然不同。他无意去证明所有的社会规则都是法律性的，相反，他想要表明的却是法律规则不过是总体习俗中的一个确定的形式。（马林诺夫斯基，2007：34-35）

马林诺夫斯基又将施泰因梅茨（Sebald Rudolf Steinmetz）、涂尔干和莫斯的观点列入批判的对象。他批评前者坚持认定古代法学的刑法性质，坚持惩罚的机械性和严厉性，坚持惩罚有宗教基础。他批评后两人的观点忽视了个人的心理基础。马林诺夫斯基总结道，如果不得不为特罗布里恩德群岛的这些规则贴上一个现代的标签，那么可以称之为"民法"。它由一组有约束力的责任组成，一方认为是权利，对另一方就是义务，通过原始社会结构中固有的互惠和公开性这一特殊机制保证了其效力。这些民法规则是有弹性的，执行时有一定的幅度，它们不仅处罚违反者，而且奖励充分履行者。它们的说服力来自土著居民对原因和结果的理性评估，而这种评估与诸如抱负、虚荣、自豪、公开自我炫耀的欲望，和依赖、友情、对宗族的奉献及忠诚等社会成员与个人的情感密切相关（马林诺夫斯基，2007：38）。

在此，我们无须对马林诺夫斯基有关原始法律与秩序的观点做出专业评论，而只讨论民族志的写作思路及批判既有理论的方法。在著作开篇，马林诺夫斯基就提出了研究问题，这个问题可以简略表述为"原始社会的秩序何以可能"。马林诺夫斯基紧接着列举了四位学术权威的观点并加以批驳。这些既有理论认为，对传统的敬畏和自发遵从、宗教制裁、超自然的惩罚、群体责任和团结、禁忌和巫术都是构成原始社会秩序的主要因素。在马林诺夫斯基看来，这些观点要么从个体的层面分析，要么从社会层面分析，都失于片面而禁不起仔细推敲。马林诺夫斯基要做的理论工作就是把社会和心理两个层面结合起来。他从渔业组织和相关的经济交换关系引出"互惠"的概念，进而分析互惠体系中的责任、义务和个人心理，从而将社会组织和个人心理分析结合了起来。为了说明这种机制的普遍存在，民族志又继续叙述有关丧葬活动、婚姻制度中的交换和互惠体系。所有这些论述，都是建立在马林诺夫斯基的田野观察和经验材料基础上的。马林诺夫斯基最后对特罗布里恩德群岛的社会秩序和规则做了定性论述，并借机再次批判了既有学术观点。从本质上来说，马林诺夫斯基用一种"社会–文化–心理的整体观"和人性普同的观念，批判了那种隐含着进化论假设的原始社会秩序的观念。

从马林诺夫斯基论述原始法律与秩序的案例来看，挑战既有理论观点和建立自己的理论是同步进行的，存在一个先破后立、循序渐进的逻辑过程。从形式上来看，首要的工作是准确提出研究问题，选准论辩的话题。其次，需要全面分析与研究问题相关的重要学者的理论观点，并分别展开细致的评论。最重要也最艰难的工作是，站在一个更合理的且有高度的视角组织田野资料，提出自己的概念和观点，并根据田野资料恰当地界定概念和阐释概念。毋庸赘言，向既有理论发起挑战的根据是扎实细致的田野经验，能否挑战成功则主要取决于研究者分析理论、建构理论及谋篇布局的水平。

五、搭建理论分析框架

无论是一篇民族志文章还是一部民族志著作，都需要一个理论框架统领全局。面对相同的经验事实，不同研究者会得出不同的见解，这在很大程度上是由分析框架不同导致的。分析框架不同，意味着研究者接受的学术传统和理论背景存在差异（张静，

2019）。理论分析框架发挥着一种系统性和逻辑性的提纲挈领作用，它或显或隐地受某种理论导向的支配。理论框架从根本上是为研究问题服务的，因此搭建理论框架的过程也要紧紧围绕研究问题而展开。民族志研究者在搭建理论框架时通常受三种因素的影响：正在研究的主题和研究问题，已经学习和阅读过的经典理论和"范式文本"，来自田野的亲身经验。搭建理论框架的根本目的在于有逻辑地表述研究问题和回答研究问题，有逻辑地叙事和说理，其难点在于协调既有理论与田野经验之间的抵牾，使它们成为一个有机融合且自洽的整体。

理论分析框架在一定意义上也是一种叙述结构。搭建理论框架的过程往往从田野工作之初就开始了，当田野工作者思考如何讲述自己的研究问题和田野发现时，其头脑中已经有了理论框架的雏形。只不过，这个框架雏形随着田野工作和理论阅读的不断深入而不断被厘清、调整、修正和完善。在相似的意义上，布洛维指出："田野工作是一系列的试验，一直会进行到某人的理论与他所研究的世界相协调为止。"（布洛维，2007：105）他又强调这是一个连续的趋近过程，中途可能还会走错方向。"观察与期望之间的紊乱，表明的是理解上的贫乏；而偶尔的震动，则会促使人们好好地重新思考已经浮现的理论框架。"（布洛维，2007：105）在民族志研究实践中，搭建理论框架的过程实际上与聚焦和凝练研究问题、总结和提炼核心发现是同步的。为了描述研究过程中的复杂性和一波三折，我以自己的华北农村社区治理策略研究为案例。

2016 年至 2018 年，我对华北地区多个乡镇及其下属的村庄进行了实地调研。起初，我重点观察各个乡镇和村庄实施村规民约的情况，期望获得一些利用村规民约推进村庄建设的案例。一次深度访谈激发了我将研究重点扩大到农村基层干部的治理行为和工作策略。L 镇的一位干部肖女士（1959 年生）向我讲述了她到一个深山贫困村庄的工作经历。当她讲这个故事时，我听着就有点不舒服。她的故事中充满了教育村民的意味，由于在农村成长的经历，我对这种表述非常敏感。我同时又有一些惊奇，她为什么如此评价村民？她为什么会使用这种工作方式？我利用整理访谈录音的过程，再一次深入思考这位干部的行为模式和内在逻辑。下文呈现的是录音原始整理记录，当我将其作为经验证据发表文章时，由于篇幅限制不得不对其做了一些删减。

2013 年 5 月 18 日，我到他们那儿搞大型活动"助残日"。东西一卸到那儿，全给抢了。等你正式发的时候，全都没了。我们做的环保袋挂在那儿，做的手串挂在那儿，在广场上，让他们用绳子拴成一圈，用挂钩挂上。活动还没开始呢，东西都没了，全被抢了！后期，（我们）就慢慢调理他，村委会和我们都做了很多工作。现在非常有秩序，特别好。

第一次搞活动，东西被抢了之后，基本上就没有什么人了。在会上，我和书记都说这事。"如果你们总是这样，一点秩序没有，而且总是哄抢东西。如果总这样，以后能资助你们也不资助你们了。我们好心好意来了，你们把我们当什么呢？我们的东西放到别处不也是一样吗?"农村人非常朴实,你要是经常夸他、表扬他,自然他就守规矩了。如果他把东西抢了,你和他急了,或者怎么着的,反而起反作用了。

第二次去,我们没带东西,给村民们开了一个会。村书记先说,后来我说:"第一次活动,咱们不知道,不清楚怎么回事,可以原谅。以后还有这样的活动和机会。从咱们来说,都特别懂事,都特别有素质。一提孙村人,让人家竖拇指才好呢!如果说,以后再有这种现象,马上我们去别的村了。"最后我让他们表表态,结果很多村民站起来说:"第一次我们真不知道,也是个别人,一小部分人。""好,"我说,"第一次原谅。"唉,第二次、第三次,慢慢来。2014 年捋了一年,我们总拿表扬的话说吧,老表扬他们。我们现在拉着米面去之后,挨着大队附近住的,全都出来帮忙把东西往救助中心里抬。老头、老太太齐上场帮忙!现在,你永远看不见放点东西没了,(村民)素质也提高了,非常好!(肖女士,访谈时间:2018 年 3 月 14 日)

我意识到,肖女士在有意地将她自己与村民做一种区分。她认为一些村民素质不太高,而她的工作就是要提升村民的素质。按照她的说法,她也做到了。她这样做和这样说,实际上掩盖了一个事实,即她在第一次下村开展工作时准备不充分,未提前向村民把事情交代清楚。其实,在我之前的调研中,也有一些干部发表类似的观点。以下是一位多年主抓宣传工作的乡镇干部接受我访谈时说的一席话,是根据录音整理的原文。

人们的素质有些低，怎么回事？缺乏教育。应当说，这些年，很大程度上注重了经济发展，忽视了对咱们老百姓的教育。虽然平时也搞教育，但是用传统文化来教育，做的非常少。从"五讲四美三热爱"到"学雷锋"，真正得从根上解决问题。过去的人为什么听话？为什么素质高？咱们有家规、有家法，它来约束着你，你不听就制裁你。你现在还有吗？家里面谁管谁？谁管得了谁？爸爸管得了儿子吗？谁也管不了谁。这里面一个非常大的问题，就是缺乏教育，缺乏用传统文化来教育。现在我们有多少人懂传统文化？大家把这些东西都给遗弃了，都给忘了。这是一个突出的问题。另外一个就是宣传。这些年我们的宣传，政治领域的各个方面多，但是我们真正的传统文化宣传不多。给人们的思想认识就是搞点现实，没有什么积累。再一个就是要求少。咱们要求怎么去做，咱们在村规民约上，注重经济上，水电、土地使用上，都是这些方面的（要求）。怎么去做人，怎么去做事，（要求）非常少，所以就导致素质低。（Y 乡宣传部部长，访谈日期：2017 年 3 月 10 日）

我将类似的经验材料置于一起思考，发现基层干部的这种工作策略都可以定位于"教育和宣传"层面，而且这种策略与素质话语有着密切的关联。随着调研和思考的深入，我又从经验材料中提炼出"示范引领"与"奖励和惩罚"两种治理策略。"示范引领"突出表现在农村社区建设中党员、村两委委员及其他优秀人物的榜样示范作用。被调查的村庄都具有某种形式的村规民约，基层干部将村规民约与村民福利联系在了一起，各家户只有遵守了村规民约才能获得年终的村民福利，若违背了村规民约则会遭受一定的损失。在写作民族志初稿时，我尝试从基层干部视角下的村民图像与社区治理策略来架构全文。我那时已经认识到近百年来中国的政策实践与学术话语实践深深影响着基层干部的村民图像，也已经将基层干部的治理逻辑定位于一种个体主义心理学的归因模式，并尝试反思和批判这套逻辑。但是，我那时还没有完全思考清楚教育和宣传、示范引领、奖励和惩罚三者之间的逻辑关系。

庆幸的是，在一次参加学术会议时，一位同事不经意的一句话启发了我。他说："示范引领、奖励和惩罚不也是一种教育吗？"说者无意，听者有心。我恍然大悟，赶忙将学校教育与社区治理的结构进行类比。在学校教育的班级授课制中，是几位教师对应着几十位学生，村庄的结构与此相似，几位村干部对应着二三百户家庭、几百位村民。学校教育的目标是向上、向善、向好，村庄治理追求的目标与此相似，也追求美丽富裕、文明向上。说教、示范、奖惩是学校教育最重要的手段，从这个视角而言，我在村庄发现的三种村庄治理策略就都可以整合在一起，它们都是以"教育"为核心。在向上述那位"高人"多次请教之后，"教育作为一种治理技术"这一核心概念才逐步明朗起来。将论文投稿之后，匿名专家和编辑部建议从不同历史时期国家、基层干部与农民之间的关系变化分析村庄治理策略，借鉴福柯的《临床医学的诞生》的分析思路，比较中国语境下"教育治理术"与福柯意义上"治理术"的联系和区别。我认真吸收了这些建议，经过四五轮的调整和修改，逐步充实了对"教育治理术"的理论分析。

我有利用示意图表示关键概念或主要观点的习惯。当我写作这篇论文时，一位师兄和一位师弟就分别建议我做图表示出这篇论文的核心发现。但是由于先前思路不够清晰，我迟迟没有动手操作。经过多日的连续思考，直到某一天早上，有关"教育治理术"的构图一下子在我脑海里闪现，我急忙兴奋地坐下来利用思维导图软件（Inspiration）做框架图，如图 5-2 所示。做这张图大约用了两小时。示意图制作出来之后，我长长地舒了一口气，

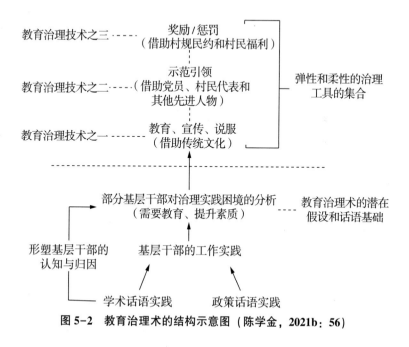

图 5-2 教育治理术的结构示意图（陈学金，2021b：56）

这也意味着我可以将研究问题和研究结果的逻辑关系表述清楚了。

《教育作为一种治理技术：基于华北农村社区治理过程的考察》是一篇多案例民族志论文（陈学金，2021b）。教育治理术的结构示意图既是论文的核心概念，也是民族志的理论框架，同时暗示着论文的理论逻辑和叙述逻辑。以示意图中部的虚线为界，图的上部是研究者观察到的经验现象，图的下部是对教育治理术的理论分析。上、下两部分的连接其实就是教育治理技术的潜在假设和话语基础，也就是部分基层干部对治理实践困境的分析———一些村民素质有待提升，他们是需要教育的，也是可以教育的。

从叙述逻辑来看，这篇民族志论文首先呈现几个农村治理实践的案例以及干部对相关问题的表述，进而指出教育作为一种普遍运用的治理技术贯穿于农村社区治理的各个方面。一些先进村庄的成功经验让基层干部相信传统文化教育可以有效助推村庄治理。其次，论文指出，示范引领是农村社区治理中的又一重要策略。由党员、村民代表、普通家户构建的村庄文化网络是这一策略的呈现。最后，一些基层干部以治村和管家做类比，通过制定村规民约，将村民能否享受村集体的福利与履行村规民约的情况相结合，创造出一种奖励与惩罚相结合的村庄治理策略。这些治理策略从根本上都具有教育的特质，因此可以统称为"教育治理术"，它是基层干部针对村庄不同事项而构建起来的一套弹性和柔性的治理工具的集合。这种教育治理术建立于基层干部对治理困境的归因分析之上，以个别村民"需要教育""提升素质"为潜在假设。论文进一步分析指出，基层干部对乡村治理问题的归因，既来自他们的工作实践经验，同时也受到国家政策话语实践和学术话语实践的双重影响。学术界的话语实践和国家的政策话语实践生产了一种关于农村和农民的知识，从而形塑了社会大众的认知，直接影响了基层干部对有关农村问题的理解与解释。

教育治理术实际上表征着后税费时代华北农村治理的转型。自21世纪之后，尤其是进入21世纪10年代之后，国家以一种更加自信的姿态，带着各种资源重新介入农村建设，成为新农村建设的引导者、资源分配者，基层政府和基层干部则扮演了组织者、协调者和服务者的角色。在新农村建设的众多项目中，基层干部与村民的关系逐步转变为一种服务与被服务、指导与配合的关系。这种局面要求基层干部必须使用一种弹性和柔性的工作方式。在此种条件下，教育治理术的运用可以带来内外两种效果。首先，对村庄内部而言，教育治理术便于基层干部占领道德制高点，与村民沟通、谈判并相互妥协，便于针对不同事项、不同人群灵活运用，而不破坏村庄的整体团结。其次，对于村庄外部而言，素质话语和教育治理术一方面可以为一些基层干部提供社区治理困境的解释；另一方面可以显示他们的工作成绩，向外界展现乡村建设的良好形象。但是，这种以个体主义心理学为基础的治理逻辑并不能从根本上改变农村社区的结构和治理困境，因此是需要被认真反思和超越的。

在这项民族志研究中，我遵循了一种模式论的文化研究模式。文章叙述逻辑同时也展现了文化分析逻辑：首先，叙述农村干部的村庄治理实践，这属于行为模式层面；其次，试图透过话语表达分析基层干部的行动逻辑，这属于认知和思维模式层面；再次，引入历史视角，进一步分析行动逻辑背后隐藏的社会文化传统；最后，从一种社会结构变迁视角分析教育治理术的适应性、功能及不足之处，如图5-3所示。在搭建分析框架之时，我遇到两个问题：一是如何将自己的调查发现整合并概念化；二是运用何种理论视角解释提炼出的概念。对于前者，我运用了一种与学校教育类比的策略。对于后者，我综合利用了历史主义的、结构-功能主义的和批判主义的视角。

优秀的民族志能很好地融合并呈现故事和逻辑性。理想中的民族志叙事就像剥竹笋和剥洋葱的过程，由外及内，由表及里，问题或悬念不断，层层推进，不断揭露表象背后深层次的社会文化脉络。理想中的民族志叙事又像剥茧抽丝的过程，每当读者感觉要结束的时候，还能不断深入，引发更深层次的理论思考。搭建民族志理论阐释框架实际上是设置若干递进问题的过程。每个大问题又可以拆解为若干平行或递进关系的小问题。当把这些问题串联并拎出来时，民族志的骨架也就呈现出来。当然，设置问题和回答问题则会反映出不同的理论取向。在我看来，托克维尔的《旧制度与大革命》的理论框架和叙事安排很好地反映了这种观点。当然，我们需要把这部经典著作作为历史人类学作品来分析。仔细钻研《旧制度与大革命》的目录和各章内容便可以知道，托克维尔主要围绕"如何定位法国大革命"和"法国大

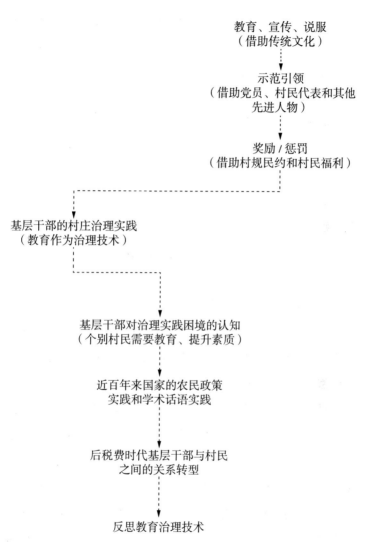

图 5-3　教育治理技术的文化分析和叙述逻辑

革命何以从旧制度中成长出来" 两个主要问题展开叙述。著作的

第一编回答第一个问题，第二编和第三编回答第二个问题。粗略地看，第二编侧重于从政治及社会结构变迁角度展开论述，第三编侧重从思想文化角度展开论述，每一编又细分为若干子问题。总而言之，搭建理论分析框架是一个调和理论取向和经验事实、厘定和细化研究问题、提炼和解释核心发现的综合过程。搭建分析框架的最终目标在于实现"叙述经验事实"和"做理论阐释或建构"的有机统一。

六、叙事风格

从目前民族志研究所处的专业环境来看，民族志论文和民族志著作的规范略有不同。在期刊发表的民族志论文都要严格遵守经验研究的规范，每篇论文一般要包含"问题提出""文献述评""研究设计、方法与过程""呈现经验材料""理论阐释""结论与反思"等内容。期刊允许的民族志论文篇幅大多限制在2万至3万字的范围，使得作者经常不得不大幅压缩民族志的浓描部分。民族志著作虽然遵循相似的规范逻辑，但作者在谋篇布局、章节内容选择、文化深描等方面拥有更大的自由权。鉴于民族志著作与民族志论文的差异，我们这里讨论的叙事风格更多地指向民族志著作。

民族志著作又可以细分为民族志研究专著和田野民族志两种

类型。如玛丽·L.普拉特（Mary L. Pratt）所说，一次深入的田野工作可能产出两类民族志作品，一个是面向出版的正式民族志文本，另一个是叙述个人田野经历的民族志文本。前者被作为专业资本和权威性著述，后者则是一种"亚体裁"（subgenre），容许其他方式的标新立异（克利福德 等，2006：60-61）。在中文经典人类学作品中，林耀华的《凉山彝家的巨变》及其附录中的《川边考察记行》可以视为这样"一主"和"一副"两种类别的民族志作品。

同一国度、不同时期的民族志叙事风格可能会存在较大差异。这是因为，在某一国家或地区的某一时期会存在某种居于主导地位的人类学理论和民族志写作范式。但是也不能否认，不同国度、不同时期的民族志在叙事风格上存在相似之处。这是因为国家之间会进行学术交流，不同的民族志写作模式会得到传播并相互影响。毫无疑问，那些最负盛名的人类学家的影响力最为深远。格尔茨征引罗兰·巴特（Roland Barthes）、福柯等人的著述论述了作为"作者"（authors）的人类学家的重要意义（格尔兹，2013：24-28）。在格尔茨看来，在人类学的民族志写作实践中，有一些人类学家是"话语实践的创始者"，他们不仅生产出自己的作品，而且能建立"语言剧院"（文本构成的可能与规则）。他们的作品能对学科发展产生重要影响。与之不同，"写作者"只能在某种"语言剧院"中写作，他们模仿某种范本写作自己的民族志。事实上，由于受所学学科、师承关系、研究主题等因素的影响，每一个民族志研究新手都会见识和接受某一种或某几种类别的民族志风格。

从历时性视角来看，民族志的主导写作模式会发生范式变迁。20 世纪最经典的范式转变莫过于从实证主义民族志转到阐释主义民族志。各种后现代主义民族志可以视为对阐释主义民族志的继承和深化实验。人类学家詹姆斯·克利福德（James Clifford）区分了以视觉方式为主导的民族志书写和以话语或听觉为主导的民族志书写（克利福德 等，2006：40-41）。前者强调民族志研究者的观察，在田野中看到了什么，可称之为"贵目贱耳"；后者强调民族志研究者对不同行动者的访谈与倾听，重点记述不同人的不同话语表达，可称之为"贵耳贱目"。20 世纪的民族志书写大致经历了一种从更注重视觉到更重视听觉和话语的转型过程。在此种转型过程中，民族志研究者从远远观察到越来越走近被研究者。但是，民族志书写由视觉向听觉、多元话语表达的转移，实际上造成了一种"众声喧哗"，既动摇了民族志研究者客观、中立的权威地位，又破坏了被研究族群文化的铁板一块的假设。但这种游移正好暗合了民族志书写向阐释主义和后现代主义发展的趋势。

民族志在严格的意义上既不是小说也不是诗歌，但在广义上，它既是小说也是诗歌（格尔兹，2013：9）。与小说、诗歌不同的是，民族志以身临其境的现实为基础，却不任意超越现实。但是，民族志又具有丰富的表现形式，表现出不同的叙事风格。民族志风格与学者的理论背景、文学素养密切相关，也与作者想要表达的事实和观念有非常大的关联。从叙事手法来说，人类学家的民族志作品有白描式的、小说体的、自传体的、对话式的、反思式的等等。克利福德在《论民族志的权威》（1983年）一文中回顾和总结了经验的（experiential）、解释的（interpretive）、对话的（dialogical）和复调的（polyphonic）四种民族志写作样式，并强调没有哪种模式是过时的和纯粹的，它们都有创新的空间（Clifford，1983：118-146）。事实上，无论何种书写形式和修辞策略，在某种意义上都是民族志研究者努力构建权威表述的表现。民族志研究者要让被描述者和读者相信研究者是诚实可信的，他们的民族志作品也是真实可信的。

接下来简要介绍和分析几部经典民族志的写作样式与风格。费孝通的《江村经济》可谓中国传统村落民族志的经典，深刻影响了后辈学者的乡村民族志书写。《江村经济》不仅记述了20世纪30年代开弦弓村的地理环境、家庭结构、财产继承、生计方式、职业分化、蚕丝业与贸易等内容，而且重在探索中国农村的未来发展前景。这部民族志被马林诺夫斯基誉为"人类学实地调查和理论工作发展中的一个里程碑"（费孝通，1986：序1），"通过熟悉一个小村落的生活，我们犹如在显微镜下看到了整个中国的缩影"（费孝通，1986：序4）。马林诺夫斯基认为，有关蚕丝业的那一章是这本著作最成功的一章，"它向我们介绍了家庭企业如何有计划地变革成为合作工厂，以适应现代形势的需要"（费孝通，1986：序5）。从这点来看，《江村经济》绝非简单的结构-功能主义作品，它一直具有一种历时性和变迁的视角，关注着中国乡村的历史与未来。《江村经济》在中国农村社区研究领域具有开创性意义，但是费孝通在求学之时无疑受到了英国人类学的功能主义和美国城市社会学研究的影响。根据人类学者巴战龙的观点，费孝通在写作《江村经济》之时很可能受到了20世纪20年代末美国社会学家林德夫妇（Robert S. Lynd & Helen M. Lynd）"中镇"研究范式的影响（林德 R S 等. 1999；Lynd R S et al. , 1929）。

林耀华的代表作《金翼》采用小说式的体裁，记述了20世纪初至20世纪30年代福建闽江中游黄村的张芬洲和黄东林两个姻亲家族的兴衰起伏的故事。弗思在1944年的"英文版导言"中对这部作品的风格做了恰如其分的评价：

《金翼》是一部以小说形式写成的社会学研究著作。就构思来说，它的主题非常简单，却像竹叶画一样，其朴素的形式掩映着高水平的艺术。……作者遇到了所有严肃的文学作品都存在的问题：通过对个别事件的分析，提炼出普遍性。他有意识地让自己做这样一个工作：通过叙述一小群人生活中的一系列事件对一个社会过程加以考察和解释。他只是偶尔对必须说的用抽象的语汇加以表达。但他非常成功地避免了很容易陷入的险境，即对某些默默无闻的中国农民的生老病死做冗长的记述。相反，他巧妙地设法将这一记述提高到具有真正社会学意义的水平，使几乎每一件事都成为东方农村社会某些进程的缩影。（林耀华，2008：英文版导言11-12）

　　在《金翼》的续篇《银翅》中，林耀华的弟子庄孔韶继续深入探索和创新民族志的书写模式。在《银翅》中，一些章节运用了文人随笔和民族志形式；一些章节以叙述为主，还穿插访谈对话；一些章节采用标准的论文形式；有的章节甚至同时容纳几种不同的写法。在民族志研究的认识论层面，庄孔韶立足于高层与基层文化的连接和互动提出"文化反观法"，同时庄孔韶又特别强调和倚重"文化直觉"，在很多地方实验了"体悟"的写作方式。（庄孔韶，2016）

　　美国人类学家奥斯卡·刘易斯（Oscar Lewis）的名著《桑切斯的孩子们：一个墨西哥家庭的自传》是一部介于小说和人类学报告之间的著作，它可能是最能代表民族志现实主义（ethnographic realism）的一部作品。该著作采用多人自传体民族志的形式，呈现了墨西哥城卡萨-格兰德居民区一个贫困家庭的故事。在文本形式上，刘易斯让家庭的每一个成员用他们自己的语言讲述他们的生活经历。刘易斯根据当事人的生活经历对原始素材进行了筛选、分类和整理，只做一些裁剪和条理安排，而未加任何评论。刘易斯只在导言中露面，介绍了研究背景、研究过程与他关注的贫困文化的研究主题。在他看来，单单桑切斯这一个家庭就足以印证墨西哥下层社会所存在的很多社会问题和心理问题。

　　在《桑切斯的孩子们》中，父亲桑切斯和他的四个子女曼努埃尔、罗伯托、康素爱萝、玛塔分别讲述自己的故事，一家人的讲述构成了一个贫穷家庭的历时性与共时性的生活图景。相同的事件或主题会重复出现，有的讲述者一带而过，有的讲述者叙述详细。对待相同的人或事情，家庭成员会有不同的情感与色彩，甚至充满抱怨与指责，从中可以窥探在一个时期内家庭不同成员的核心关切以及他们想要隐藏的秘密。米德评价该书"是对人类学的一次杰出贡献——并将永远如此，……以保留受访者原话的方式，他保持了原材料的真实性，并确保了呈现方式的全面性。这一点对所有优秀的人类学田野工作而言都是至关重要的"（刘易斯，2014：玛格丽特·米德评《桑切斯的孩子们》1）。

如果说刘易斯是格尔茨所谓的"话语实践的创始者"，《桑切斯的孩子们》是一部范式意义上的民族志文本，那么肖斯塔克的民族志作品可以看作"刘易斯式作品"中的一员。肖斯塔克在写作《妮萨：一名昆族女子的生活与心声》时，曾受到刘易斯作品的影响。刘易斯的作品有多个讲故事的主体，故事中富于家庭成员间的张力；而肖斯塔克的作品更像是"背景+独白式"的讲述。肖斯塔克在这部讲述喀拉哈里沙漠北部边缘昆族女性生活史的著作中运用了三种"叙事声音"：一是主人公妮萨的声音；二是人类学家的声音；三是民族志作者的声音（肖斯塔克，2017a：译序15-20）。全书15章按照妮萨的自述从童年到老年依次展开，涉及童年记忆、家庭生活、性的萌发、婚姻、头胎、丧子、情人关系、丧亲等内容。人类学家的声音主要取自作者对其他昆人的观察、访谈以及相关研究成果，目的在于说明妮萨所在族群的整体情况，作为妮萨口述史的背景和补充材料。民族志作者的声音主要记述作者与昆人族群的交往过程和情感态度。《妮萨》整本著作几乎没有什么理论分析或对话，其最重要的价值在于从女性主义视角深描采集狩猎部落的生活。有关昆人的儿童养育、生计方式、性、家庭、婚姻、情人关系的内容尤其引人入胜，它为读者反思当代社会生活和人性提供了一面镜子。1989年，肖斯塔克在身患癌症后抱病重返非洲，并写作《重访妮萨》一书（肖斯塔克，2017b）。与《妮萨》不同，《重访妮萨》以民族志作者的经历和情感为主线，"坦然记录了一名身患绝症的人类学家在重访故地、寻找青春时的迷惘、观察与反省，有人类学家的敏锐，也有身患绝症的忧郁，充满对爱与死的思考，虽说叙事探索收缩了，但抒情色彩反而更为浓郁"（肖斯塔克，2017a：译序21）。

《忧郁的热带》作为一部田野游记性质的民族志，不仅阐释了列维－斯特劳斯的世界观和结构主义原则，而且处处弥散着一种沉郁和"悲哀的美感"（埃里克森，2019：18）。在格尔茨看来，线性的逻辑、循环的逻辑都不能精准分析《忧郁的热带》这部作品，他使用了"宇宙蛋"（cosmic egg）一词表示他的分析要点（格尔兹，2013：46）。格尔茨将《忧郁的热带》视为一个母本（arch-text），很多作品在其身上展开。《忧郁的热带》同时是好几本书，好几个不同种类的文本相互叠加形成了总体的样式，就像云纹一样。"我们看到的是存在于同一层面的、同时出现的、矛盾的，有时甚至相互冲突的文本。"（格尔兹. 2013：47）

《忧郁的热带》作为"一个游记，甚至一本过时的旅游指南，就像雨林一样；一个民族志报告，发现了又一门新科学（scienza nuova）；一个哲学文本，试图恢复卢梭、社会契约和安宁生活的美德；一个改良主义宣传册，以审美为由抨击欧洲的扩张；一个文学作品，示范并推动了一条文学之路"（格尔兹，2013：64）。很多读者都会有格尔茨的同感，在《忧郁的热带》中，列维－斯特劳斯是一个"被苦涩包围却兴致盎然的吃苦耐劳的旅行者形象"（格尔兹，2013：51），他是一个老到的文学写手，娓娓道来，不容你半点移开；他还是一个深沉的思想者，偶尔变客观、冷静、深沉的描述为稍有些矜持的情感抒发。

野蛮人实践起来，有天机兴发之妙。现代世界拒斥这种智慧，才是真正疯狂。野蛮人常能不费吹灰之力，即得到心理平衡。如果我能心甘情愿接受人类经验的真实条件，能觉悟到我们并不能完全逃离其模式与律动，我们将可以免除掉多少的伤害、劳累和一无是处的不满！空间有它自己的价值，像声音和花卉有颜色，感觉有重量。找寻其间的对应，并不是诗意的游戏，也不是恶作剧。（列维－斯特劳斯．2009：143）

民族志研究者在田野工作之初可以立下雄心，同时构思普拉特所谓的"一主"和"一副"两部民族志作品。由于这两类民族志的内容与主题不同，它们的写作风格也可以不同。民族志研究者的写作过程一方面处于其他作者的影响之下，另一方面也期望自己的作品将来能够影响其他作者（Clifford et al.，1986：265）。从我个人的角度而言，对于正式的第一类民族志文本，我非常推崇布洛维的《制造同意》。这部著作简洁利落，理论与经验分析搭配得恰到好处。对于叙述个人田野经历的第二类民族志文本，我非常推崇列维-斯特劳斯的《忧郁的热带》。在我看来，就算是写作田野个人经历，也绝非局限于叙述奇闻轶事或者新尝试得来的田野技艺，而应该有许多涉及自然、社会、文明、生命、人性的深沉思考。

最近 20 年，中国学术界将大量国外人类学著作译介到国内，来自不同国家、不同时期、不同理论范式、不同研究主题的民族志作品与同样多的中国学者的民族志作品杂糅在一起。这些著作为民族志初学者提供丰富选择空间的同时，也增加了初学者选择模仿对象时的困扰和烦恼。实际上，信奉和选择何种理论视角，选择何种叙事风格，主要取决于研究何种问题，以及描述何种文化、表达何种思想。无论怎样，当代的民族志研究者，不得不小心谨慎地在诸多理论范式中做出选择，不得不小心翼翼地在视觉和听觉经验材料中做出选择和搭配。仍需要指出的是，民族志作品风格还受研究者个人禀赋的影响，尤其是受研究者性格、气质和文学素养的影响。

七、对研究的反思

反思与自我批判贯穿于民族志研究的全过程。在撰写民族志时，研究者有意识地反思和检视研究过程与结果可能存在的纰漏尤为重要。在民族志文本中坦陈研究设计、田野工作和理论构建与阐释中的不足，是民族志研究者应该具备的学术品格。任何社会科学研究都不是十全十美的，总会存在着这样或那样的缺憾。实际上，研究者囿于当时的学术水平，在作品发表前很难深刻洞察自己研究的真正不足。一些民族志研究者对自己作品的深刻反思往往是在作品发表很久之后才做出的。即便如此，这种事后的反思，对于后续相关研究及提升研究者水平也具有重要作用。

布洛维在《制造同意》出版 30 年后重访他的田野地点——芝加哥南部哈维镇的工厂。厂房的颓败和工厂的易手，使得作为民族志学家的布洛维感叹自己 30 年前的田野工作是多么的"短视"，他对 30 年前的研究进行了深刻的反思和检讨。布洛维反思自己 30 年前将工厂生产中的霸权组织定为观察重点，而没有注意到周围的社区。布洛维写道："我对已经敞开在我面前的未来视而不见——不久之后钢铁工厂一个接一个（地）关闭。凭什么制造业能得以逃脱同样的命运？我止步于过去，止步于解释罗伊 1944 年研究那家工厂与我 1974 年研究同一家工厂这期间工作组织发生的小的变化上。我无视未来。1944 年与 1974 年之间生产组织令人惊异的稳定是一个方法论上的便利，但却引导我关注解释细小变化，忽视了资本主义大规模和显著的变化，如同约瑟夫·熊彼得（Joseph Schumpeter）所说的创造性的破坏。"（布若威，2008：2-3）不会有人低估布洛维劳工民族志研究的巨大价值，也不会有人怀疑布洛维反思自己研究的诚意。布洛维的自我反思和批判实际上揭露了一个民族志研究者可能会遭遇的普遍问题，即民族志研究者在田野工作中由于受限于最初的研究主题或田野发现，而忽略了其他同样具有重要价值的问题或线索。

民族志研究者在某一研究主题的田野工作中经常能发现有价值的相关研究主题或分析脉络。有经验的民族志研究者并不是像布洛维那样的"短视"，而是尽其所能地搜集这些拓展主题的研究资料。这就容易造成一种学术研究困境：研究者在不能更改原初既定研究内容的情况下，用一种并不完全匹配的研究规划开展新的研究主题，而又必须同时完成既有的研究任务。在这种田野工作情况下写作出来的民族志往往会出现资料不扎实、不完备的问题。与无"节外生枝"的研究相比，携带衍生型研究问题的田野研究经常会面临这种窘境。研究者必须直面这个问题，要么在田野工作之后继续做补充调查，要么承认在搜集资料上存在的不足。

研究反思的重要内容之一是省察研究者的客观条件对研究的影响，这些条件包括研究者的经历、知识背景、认同、信念等等。事实上，正如教育人类学家斯宾德勒指出的那样，民族志研究的整个过程，包括田野经验、感知、写作和阐释，将观察者-阐释者过去和现在的所有经验以一种复杂多变的方式联系在一起（Spindler，1970：preface Ⅵ）。社会心理学家肯尼斯·J. 格根（Kenneth J. Gergen）也指出："我们认为世界是什么，主要取决于我们如何看待它，我们看待世界的方式则又取决于我们是哪种社会关系的一部分。"（格根，2011：2）

在我近些年来的农村研究经历中，我深深感受到了个人的出身和成长背景对研究过程的影响。我在北京郊区的农村长大，对农村和农民有着近乎天然的感情，同时也能深刻意识到当前农村社会中存在的种种问题。当我听到一些基层干部对村民和村庄的负面假设与评论时，我非常敏感，同时又感到尴尬。这种复杂的情感体验迫使我在写作民族志初稿时将批判基层干部的话语表述作为重点工作，而相对忽略了从国家与农村的关系变化中思考基层政府与村庄、基层干部与村民的关系。当我意识到这个问题的严重性时，我才更加系统地梳理这种变化，并从结构-功能主义视角对基层干部的话语表述和治理策略做更加平和而客观的分析。

研究反思的重要内容之二是反思田野点的选择、田野工作过程对资料搜集与理论阐释的影响。虽然研究者在进入田野之前已有初步的研究主题，但是田野工作过程在很大程度上决定研究者可以发现何种经验事实，并决定研究者提出何种研究问题以及如何回答这些问题。与此相类似，田野点的选择也会决定发现何种经验事实、提出何种研究问题、如何回答这些问题。

妮萨成为人类学家肖斯塔克的访谈对象是在田野工作过半之后的事情。妮萨是一个主动上前搭话、寻求成为访谈对象的人。肖斯塔克最初对她并无好感，并一度想逃避她。但是事后证明，妮萨是一个有故事的人和一个出色的报道人。正是由于妮萨的出现，肖斯塔克才下定决心写一本有关采集狩猎部落女性生活和私密世界的书。在两周时间内，肖斯塔克访谈妮萨 15 次。在四年后进行的第二次田野调查中，肖斯塔克又访谈妮萨 6 次。肖斯塔克在《妮萨》一书后记中反思了主人公妮萨这个人物能否代表昆族女性全体的问题。肖斯塔克的回答是否定的。她所采访过的妇女，没有一个像妮萨那样遭遇如此多的悲剧，也没有一个像妮萨那样个性张扬。在肖斯塔克看来，妮萨的故事对于了解昆人的生活太过特殊，她不能代表一般昆族妇女。而且，妮萨谈到的族群内部的暴力问题也有些夸张了。"妮萨可能过于强调了昆人生活的负面，她的故事讲述的是昆人社会的一个极端方面，充满了负面经验，她身边的人不可能都这样。"（肖斯塔克，2017a：394）肖斯塔克的研究经历很好地诠释了田野工作过程对研究主题和书写民族志的影响。肖斯塔克对妮萨代表性问题的反思也是必要而且诚恳的。在用个体的情况表述群体的文化特征时，一定要格外谨慎，个体的经历、思想、观点、价值观念并不一定能反映群体的特征。

正如前面章节介绍的，2008 年 10 月至 2009 年 12 月，我在北京一所小学从事田野工作，当时重点关注男教师的工作状态和情感体验。这所学校是区域内的一所重点小学，综合办学水准属于中上档次，学校的管理水平和生源情况都相当不错。学校的总体特征实际上已经决定了我的研究对象高志对学校环境的总体态度："现在的工作状态，没什么不满意的，学校可以提供的都给你提供了，领导也还不错，办公室的氛围也很和谐。"（陈学金，2012：240）田野点的特征使我忽略了学校科层管理模式对教师工作和情感的影响，我也没有想到将学校作为一个"单位"做全面的观察和分析。我一年多的学校田野工作主要是在教室、办公室里进行的。通常，我早晨七点半进入研究对象的办公室，观察并参与办公室内的相关活动，并重点记录教师之间的交往互动。随后，我跟随研究对象进入课堂，采用观察和录音的方式记录课堂教学的信息。一般情况下，我每次听两节课，然后与研究对象针对教育教学问题展开对话。我将教室和办公室作为两个重点观测点，搜集到许多有关课堂教学、师生互动、教师做研究、教研组互动的信息。两个多学期的田野观察使我认识到，高志的学校生活状态呈现历时性和周期性的特征，而且我重点对课堂教学、教师做研究、教研组对教师情感的影响进行了细致而综合的刻画。但是，现在看来，田野点的特殊性以及我选择的观测点，使得我对学校科层管理的影响分析不足。在当时的田野工作中，我是有机会进入学校礼堂参与全校教师大会的，我也有机会进入教师食堂和教师们一起用餐，但是由于怯场以及缺乏学术敏感性而错失了良机。

研究反思的重要内容之三是反思自己的研究站位和价值立场。在写作民族志的过程中，研究者要对自己的价值定位和写作立场有一个清醒而恰当的认识。格尔茨曾经用极其简练的语言总结民族志的合法性和伦理问题："在他者所在的地方融入他们，在他者不在的地方呈现他们，此二者之间的鸿沟一直都是巨大的。""将'他们'的生活置于'我们'的作品中，以前这仅被视为技术难题，而如今已经变成了道德上、政治上甚至认识论上复杂而微妙的问题。"（格尔兹，2013：183）在书写或发表民族志之前，一个有良知和责任感的民族志研究者必须认真思考如下几个问题：我的民族志到底为谁而作？民族志表达了何种价值立场？民族志的经验材料是否禁得住严格推敲？研究对象及社群在读到作品之后会是怎样的感受？民族志中的"当地人的观点"到底代表了谁的观点？民族志的理论阐释可能会伤害谁和帮助谁？这些问题都与写作和表述他者的权力关系与认识论有关。简而言之，民族志研究者必须认真思忖文字发表后可能引起的社会文化结果。意识到问题的存在是第一步，接下来则是选择负责任和创新的方式，处理好这些问题。

对研究过程和结果的深入反思，重在逆袭自己的情感、认知和思维定式，挑战和升华对社会现实的原有认知，在思虑书写的最艰难之处继续深入。修改民族志的过程是一个漫长的挑战自我和提升自我的过程，要不断与高水准学术同行切磋，接受他们的责难；要不断阅读和学习经典著作，给自己的作品定位和打分。高水平的论著是修改出来的，一部作品之所以能成为经典，是因为它经历了十几遍甚至几十遍的修改和完善。对于写作者来说，论文就是自己的孩子，如果你很早就放弃了对其的管教和引导，那么这个孩子很难有一个很好的结果。

参考文献

埃里克森，2019. 魅力人类学：吸引公众的书写案例［M］. 王卫平，译. 武汉：华中科技大学出版社.

埃默森，弗雷兹，肖，2012. 如何做田野笔记［M］. 符裕，何珉，译. 上海：上海译文出版社.

艾柯，柯里尼，2005. 诠释与过度诠释［M］. 王宇根，译. 2 版. 北京：生活·读书·新知三联书店.

巴比，2009. 社会研究方法：第十一版［M］. 邱泽奇，译. 北京：华夏出版社.

伯恩斯坦，2007. 阶级、符码与控制：第三卷：教育传递理论之建构［M］. 王瑞贤，译. 台北：联经出版事业股份有限公司.

布尔迪厄，2012. 自我分析纲要［M］. 刘晖，译. 北京：中国人民大学出版社.

布洛维，2007. 公共社会学［M］. 沈原，等译. 北京：社会科学文献出版社.

布若威，2005. 制造甘愿：垄断资本主义劳动过程的历史变迁［M］. 林宗弘，张烽益，郑力轩，等译. 台北：群学出版有限公司.

布若威，2008. 制造同意：垄断资本主义劳动过程的变迁［M］. 李荣荣，译. 北京：商务印书馆.

陈学金，2012. 困顿与超越：学校场域内小学男教师幸福的叙事探究［M］//丁钢. 中国教育：研究与评论：第 15 辑. 北京：教育科学出版社：167-277.

陈学金，2018. 家庭文化中幼儿成长的民族志探究［J］. 全球教育展望（1）：115-128.

陈学金，2021a. 儿童如何融入社会？：托班日常生活与群体秩序的民族志研究［J］. 民族教育研究（5）：70-81.

陈学金，2021b. 教育作为一种治理技术：基于华北农村社区治理过程的考察［J］. 社会学评论（6）：45-64.

杜威，2005. 我们怎样思维·经验与教育［M］. 姜文闵，译. 2 版. 北京：人民教育出版社.

费孝通, 1986. 江村经济 [M]. 戴可景, 译. 南京: 江苏人民出版社.

费孝通, 2009a. 费孝通全集: 第四卷 [M]. 呼和浩特: 内蒙古人民出版社.

费孝通, 2009b. 费孝通全集: 第十七卷 [M]. 呼和浩特: 内蒙古人民出版社.

弗莱杰格, 2018. 个案研究 [M] // 邓津, 林肯. 质性研究手册: 研究策略与艺术. 朱志勇, 韩倩, 邓猛, 等译. 重庆: 重庆大学出版社: 450-473.

格尔茨, 2011. 追寻事实: 两个国家、四个十年、一位人类学家 [M]. 林经纬, 译. 北京: 北京大学出版社.

格尔茨, 2014. 文化的解释 [M]. 韩莉, 译. 南京: 译林出版社.

格尔兹, 2013. 论著与生活: 作为作者的人类学家 [M]. 方静文, 黄剑波, 译. 北京: 中国人民大学出版社.

格根, 2011. 社会构建的邀请 [M]. 许婧, 译. 北京: 北京大学出版社.

克利福德, 马库斯, 2006. 写文化: 民族志的诗学与政治学 [M]. 高丙中, 吴晓黎, 李霞, 等译. 北京: 商务印书馆.

列维-斯特劳斯, 2006. 结构人类学 [M]. 张祖建, 译. 北京: 中国人民大学出版社.

列维-斯特劳斯, 2009. 忧郁的热带 [M]. 王志明, 译. 北京: 中国人民大学出版社.

林德 R S, 林德 H M, 1999. 米德尔敦: 当代美国文化研究 [M]. 盛学文, 马春华, 李筱鹏, 译. 北京: 商务印书馆.

林耀华, 2008. 金翼: 中国家族制度的社会学研究 [M]. 庄孔韶, 林宗成, 译. 北京: 生活·读书·新知三联书店.

刘易斯, 2014. 桑切斯的孩子们: 一个墨西哥家庭的自传 [M]. 李雪顺,译. 上海：上海译文出版社.

马尔库斯，费彻尔，1998. 作为文化批评的人类学：一个人文学科的实验时代［M］. 王铭铭，蓝达居，译. 北京：生活·读书·新知三联书店.

马林诺夫斯基，2007. 原始社会的犯罪与习俗：修订译本［M］. 原江，译. 北京：法律出版社.

马凌诺斯基，2002. 西太平洋的航海者［M］. 梁永佳，李绍明，译. 北京：华夏出版社.

纽曼，2007. 社会研究方法：定性和定量的取向［M］. 郝大海，译. 北京：中国人民大学出版社.

特纳，2006. 社会学理论的结构：第 7 版［M］. 邱泽奇，张茂元，等译. 北京：华夏出版社.

托克维尔，2012. 旧制度与大革命［M］. 冯棠，译. 北京：商务印书馆.

闻翔，周潇，2007. 西方劳动过程理论与中国经验：一个批判性的述评［J］. 中国社会科学（3）：29-39.

肖斯塔克，2017a. 妮萨：一名昆族女子的生活与心声［M］. 杨志，译. 北京：中国人民大学出版社.

肖斯塔克，2017b. 重访妮萨［M］. 邱金媛，译. 北京：中国人民大学出版社.

肖索未，2014. "严母慈祖"：儿童抚养中的代际合作与权力关系［J］. 社会学研究（6）：148-171.

熊春文，2009. "文字上移"：20 世纪 90 年代末以来中国乡村教育的新趋向［J］. 社会学研究（5）：110-140.

张静，2019. 社会转型研究的分析框架问题［J］. 北京大学学报（哲学社会科学版）（3）：157-163.

庄孔韶，2016. 银翅：中国的地方社会与文化变迁［M］. 增订本. 北京：

生活·读书·新知三联书店.

CHAMBLISS D F, SCHUTT R K, 2015. Making sense of the social world: methods of investigation [M]. 5th ed. Thousand Oaks: Sage Publications.

CLIFFORD J, 1983. On ethnographic authority [J]. Representations (2): 118-146.

CLIFFORD J, MARCUS G E, 1986. Writing culture: the poetic and politics of ethnography [M]. Berkeley: University of California Press.

LYND R S, LYND H M, 1929. Middletown: a study in contemporary American culture [M]. New York: Harcourt Brace.

MALINOWSKI B, 2005. Argonauts of the Western Pacific: an account of native enterprise and adventure in the Archipelagoes of Melanesian New Guinea [M]. London: Routledge.

OGBU J U, 2003. Black American students in an affluent suburb: a study of academic disengagement [M]. Mahwah: Lawrence Erlbaum.

SPINDLER G D, 1970. Being an anthropologist: fieldwork in eleven cultures [M]. New York: Holt, Rinehart and Winston.

SPINDLER G D, 1997. Education and cultural process: anthropological approaches [M]. 3rd ed. Prospect Heights, Illinois: Waveland Press.

WOLCOTT H, 1975. Criteria for an ethnographic approach to research in schools [J]. Human Organization (2): 111-127.

一、中文文献

埃尔弗森，2011. 后现代主义与社会研究 ［M］. 甘会斌，译. 上海：上海
    人民出版社.

埃里克森，2008. 小地方，大论题：社会文化人类学导论 ［M］. 董薇，
    译. 北京：商务印书馆.

埃里克森，2019. 魅力人类学：吸引公众的书写案例 ［M］. 王卫平，译.
    武汉：华中科技大学出版社.

埃默森，弗雷兹，肖，2012. 如何做田野笔记 ［M］. 符裕，何珉，译. 上
    海：上海译文出版社.

埃文思-普里查德，2002. 努尔人：对尼罗河畔一个人群的生活方式和政治
    制度的描述 ［M］. 褚建芳，阎书昌，赵旭东，译. 北京：华夏出版社.

埃文思-普里查德，2010. 论社会人类学 ［M］. 冷凤彩，译. 北京：世界
    图书出版公司.

巴比，2009. 社会研究方法：第十一版 ［M］. 邱泽奇，译. 北京：华夏出
    版社.

巴战龙，2010. 学校教育·地方知识·现代性：一项家乡人类学研究 [M]. 北京：民族出版社.

鲍曼，2009. 作为实践的文化 [M]. 郑莉，译. 北京：北京大学出版社.

博曼，2006. 社会科学的新哲学 [M]. 李霞，肖瑛，等译. 上海：上海人民出版社.

布洛赫，1992. 历史学家的技艺 [M]. 张和声，程郁，译. 上海：上海社会科学院出版社.

布洛维，2007. 公共社会学 [M]. 沈原，等译. 北京：社会科学文献出版社.

布儒瓦，2009. 生命的尊严：透析哈莱姆东区的快克买卖 [M]. 焦小婷，译. 北京：北京大学出版社.

布若威，2008. 制造同意：垄断资本主义劳动过程的变迁 [M]. 李荣荣，译. 北京：商务印书馆.

蔡华，2014. 当代民族志方法论：对 J. 克利福德质疑民族志可行性的质疑 [J]. 民族研究（3）：48-63.

德兰逊，2005. 社会科学：超越建构论和实在论 [M]. 张茂元，译. 长春：吉林人民出版社.

邓津，林肯，2018. 质性研究手册研究策略与艺术 [M]. 朱志勇，韩倩，邓猛，等译. 重庆：重庆大学出版社.

邓奈尔，2019. 人行道王国 [M]. 马景超，王一凡，刘冉，译. 上海：华东师范大学出版社.

迪尔凯姆，1995. 社会学方法的准则 [M]. 狄玉明，译. 北京：商务印书馆.

迪蒙，2014. 论个体主义：人类学视野中的现代意识形态 [M]. 桂裕芳，译. 南京：译林出版社.

董轩，2021. 重构常识：教育民族志的方法与文本 ［M］. 上海：华东师范大学出版社.

杜拉宾，2015. 芝加哥大学论文写作指南：第 8 版 ［M］. 雷蕾，译. 北京：新华出版社.

费边，2018. 时间与他者：人类学如何制作其对象 ［M］. 马健雄，林珠云，译. 北京：北京师范大学出版社.

费特曼，2013. 民族志：步步深入：第 3 版 ［M］. 龚建华，译. 重庆：重庆大学出版社.

费孝通，2009. 费孝通全集 ［M］. 呼和浩特：内蒙古人民出版社.

盖尔纳，2002. 民族与民族主义 ［M］. 韩红，译. 北京：中央编译出版社.

格尔茨，2011. 追寻事实：两个国家、四个十年、一位人类学家 ［M］. 林经纬，译. 北京：北京大学出版社.

格尔茨，2013. 烛幽之光：哲学问题的人类学省思 ［M］. 甘会斌，译. 上海：上海人民出版社.

格尔茨，2014. 文化的解释 ［M］. 韩莉，译. 南京：译林出版社.

格尔茨，2016. 地方知识：阐释人类学论文集 ［M］. 杨德睿，译. 北京：商务印书馆.

格尔兹，2013. 论著与生活：作为作者的人类学家 ［M］. 方静文，黄剑波，译. 北京：中国人民大学出版社.

格根，2011. 社会构建的邀请 ［M］. 许婧，译. 北京：北京大学出版社.

格根 K J，格根 M，2019. 社会建构：进入对话 ［M］. 张学而，译. 上海：上海教育出版社.

格宗，科塔克，2017. 丰富多彩的人类文化 ［M］. 赵旭东，等译. 北京：人民邮电出版社.

古塔，弗格森，2005. 人类学定位：田野科学的界限与基础：修订版
　　[M]. 骆建建，袁同凯，郭立新，译. 北京：华夏出版社.

郭于华，2012. 从社会学的想象力到民族志的洞察力 [M] //郭于华. 清
　　华社会学评论：第五辑. 北京：社会科学文献出版社：1-21.

哈贝马斯，1999a. 认识与兴趣 [M]. 郭官义，李黎，译. 上海：学林出
　　版社.

哈贝马斯，1999b. 作为"意识形态"的技术与科学 [M]. 李黎，郭官义，
　　译. 上海：学林出版社.

哈里斯，1988. 文化人类学 [M]. 李培茉，高地，译. 北京：东方出
　　版社.

哈里斯，1990. 母牛·猪·战争·妖巫：人类文化之谜 [M]. 王艺，李红
　　雨，译. 上海：上海文艺出版社.

赫茨菲尔德，2009. 人类学：文化和社会领域中的理论实践 [M]. 刘珩，
　　石毅，李昌银，译. 北京：华夏出版社.

怀特，1994. 街角社会：一个意大利人贫民区的社会结构 [M]. 黄育馥，
　　译. 北京：商务印书馆.

黄淑娉，龚佩华，1996. 文化人类学理论方法研究 [M]. 广州：广东高等
　　教育出版社.

基辛，1988. 文化·社会·个人 [M]. 甘华鸣，陈芳，甘黎明，译. 沈
　　阳：辽宁人民出版社.

吉登斯，2015. 社会理论的核心问题：社会分析中的行动、结构与矛盾
　　[M]. 郭忠华，徐法寅，译. 上海：上海译文出版社.

景军，2013. 神堂记忆：一个中国乡村的历史、权力与道德 [M]. 吴飞，
　　译. 福州：福建教育出版社.

科塔克，2014. 人性之窗：简明人类学概论：第3版 [M]. 范可，等译.

上海：上海人民出版社.

克利福德，马库斯，2006. 写文化：民族志的诗学与政治学 [M]. 高丙中，吴晓黎，李霞，等译. 北京：商务印书馆.

克鲁杰，凯西，2007. 焦点团体：应用研究实践指南 [M]. 林小英，译. 重庆：重庆大学出版社.

库珀，2021. 人类学与人类学家：二十世纪的英国学派 [M]. 沈沉，译. 北京：商务印书馆.

库兹奈特，2016. 如何研究网络人群和社区：网络民族志方法实践指导 [M]. 叶韦明，译. 重庆：重庆大学出版社.

拉比诺，2008. 摩洛哥田野作业反思 [M]. 高丙中，康敏，译. 北京：商务印书馆.

拉波特，奥弗林，2009. 社会文化人类学的关键概念：第二版 [M]. 鲍雯妍，张亚辉，译. 北京：华夏出版社.

拉德克利夫-布朗，2002. 社会人类学方法 [M]. 夏建中，译. 北京：华夏出版社.

拉帕波特，2016. 献给祖先的猪：新几内亚人生态中的仪式 [M]. 赵玉燕，译. 北京：商务印书馆.

莱顿，2005. 他者的眼光：人类学理论入门 [M]. 蒙养山人，译. 北京：华夏出版社.

利科，2012. 诠释学与人文科学：语言、行为、解释文集 [M]. 孔明安，张剑，李西祥，译. 北京：中国人民大学出版社.

列维-斯特劳斯，2006. 结构人类学 [M]. 张祖建，译. 北京：中国人民大学出版社.

列维-斯特劳斯，2009. 忧郁的热带 [M]. 王志明，译. 北京：中国人民大学出版社.

列维-斯特劳斯, 2017. 面对现代世界问题的人类学 [M]. 栾曦, 译. 北京: 中国人民大学出版社.

林德 R S, 林德 H M, 1999. 米德尔敦: 当代美国文化研究 [M]. 盛学文, 马春华, 李筱鹏, 译. 北京: 商务印书馆.

林耀华, 1999. 林耀华学述 [M]. 杭州: 浙江人民出版社.

林耀华, 2000. 义序的宗族研究 [M]. 北京: 生活·读书·新知三联书店.

林耀华, 2008. 金翼: 中国家族制度的社会学研究 [M]. 庄孔韶, 林宗成, 译. 北京: 生活·读书·新知三联书店.

刘易斯, 2014. 桑切斯的孩子们: 一个墨西哥家庭的自传 [M]. 李雪顺, 译. 上海: 上海译文出版社.

刘易斯-伯克, 布里曼, 廖福挺, 2017. 社会科学研究方法百科全书 [M]. 沈崇麟, 赵锋, 高勇, 等译. 重庆: 重庆大学出版社.

流心, 2005. 自我的他性: 当代中国的自我系谱 [M]. 常姝, 译. 上海: 上海人民出版社.

罗红光, 2014. 人类学 [M]. 北京: 中国社会科学出版社.

马尔库斯, 费彻尔, 1998. 作为文化批评的人类学: 一个人文学科的实验时代 [M]. 王铭铭, 蓝达居, 译. 北京: 生活·读书·新知三联书店.

马力罗, 2018. 民族学与人类学方法论研究 [M]. 吴孝刚, 译. 北京: 知识产权出版社.

马林诺夫斯基, 2007. 原始社会的犯罪与习俗: 修订译本 [M]. 原江, 译. 北京: 法律出版社.

马林诺夫斯基, 2015. 一本严格意义上的日记 [M]. 卞思梅, 何源远, 余昕, 译. 桂林: 广西师范大学出版社.

马凌诺斯基, 2002. 西太平洋的航海者 [M]. 梁永佳, 李绍明, 译. 北京：华夏出版社.

麦高登, 2015. 香港重庆大厦：世界中心的边缘地带 [M]. 杨玚, 译. 上海：华东师范大学出版社.

麦奎根, 2011. 文化研究方法论 [M]. 李朝阳, 译. 北京：北京大学出版社.

毛泽东, 1982. 毛泽东农村调查文集 [M]. 北京：人民出版社.

米德, 2008. 萨摩亚人的成年：为西方文明所作的原始人类的青年心理研究 [M]. 周晓虹, 李姚军, 刘婧, 译. 北京：商务印书馆.

莫斯, 2005. 礼物：古式社会中交换的形式与理由 [M]. 汲喆, 译. 上海：上海人民出版社.

莫斯, 2008. 人类学与社会学五讲 [M]. 林宗锦, 译. 桂林：广西师范大学出版社.

纽曼, 2007. 社会研究方法：定性和定量的取向 [M]. 郝大海, 译. 北京：中国人民大学出版社.

欧阳护华, 2004. 单位与公民社会的碰撞：教改者的真实故事 [M]. 北京：北京大学出版社.

彭尼曼, 2008. 人类学一百年 [M]. 和少英, 高屹琼, 熊佳艳, 译. 昆明：云南大学出版社.

乔健, 1999. 漂泊中的永恒：人类学田野调查笔记：增订版 [M]. 济南：山东画报出版社.

乔金森, 2009. 参与观察法 [M]. 龙筱红, 张小山, 译. 重庆：重庆大学出版社.

石之瑜, 2005. 社会科学知识新论：文化研究立场十评 [M]. 北京：北京大学出版社.

史铎金, 2019. 人类学家的魔法：人类学史论集 [M]. 赵丙祥, 译. 北京：生活·读书·新知三联书店.

史密斯，2005. 文化：再造社会科学 [M]. 张美川，译. 长春：吉林人民
    出版社.

孙飞宇，2018. 方法论与生活世界 [M]. 北京：生活·读书·新知三联
    书店.

特纳，2006. 社会学理论的结构：第 7 版 [M]. 邱泽奇，张茂元，等译.
    北京：华夏出版社.

滕星，2001. 文化变迁与双语教育：凉山彝族社区教育人类学的田野工作
    与文本撰述 [M]. 北京：教育科学出版社.

托克维尔，2012. 旧制度与大革命 [M]. 冯棠，译. 北京：商务印书馆.

王富伟，2012. 个案研究的意义和限度：基于知识的增长 [J]. 社会学研
    究（5）：161-183.

王铭铭，1997. 村落视野中的文化与权力：闽台三村五论 [M]. 北京：生
    活·读书·新知三联书店.

王铭铭，2011. 人类学讲义稿 [M]. 北京：世界图书出版公司.

王铭铭，2015. 当代民族志形态的形成：从知识论的转向到新本体论的回
    归 [J]. 民族研究（3）：25-38.

王铭铭，2016. 局部作为整体：从一个案例看社区研究的视野拓展 [J].
    社会学研究（4）：98-120.

韦伯，1999. 社会科学方法论 [M]. 韩水法，莫茜，译. 北京：中央编译
    出版社.

文华，2019. 看上去很美：整形美容手术在中国 [M]. 刘月，译. 上海：
    华东师范大学出版社.

翁乃群，2009. 村落视野下的农村教育 [M]. 北京：社会科学文献出
    版社.

沃尔科特，2011. 田野工作的艺术［M］. 马近远，译. 重庆：重庆大学出版社.

吴飞，2009. 浮生取义：对华北某县自杀现象的文化解读［M］. 北京：中国人民大学出版社.

吴文藻，2010. 论社会学中国化［M］. 北京：商务印书馆.

项飙，2018. 跨越边界的社区：北京"浙江村"的生活史［M］. 修订版. 北京：生活·读书·新知三联书店.

项飚，2012. 全球"猎身"：世界信息产业和印度的技术劳工［M］. 王迪，译. 北京：北京大学出版社.

肖索未，2018. 欲望与尊严：转型期中国的阶层、性别与亲密关系［M］. 北京：社会科学文献出版社.

休谟，穆拉克，2010. 人类学家在田野：参与观察中的案例分析［M］. 龙菲，徐大慰，译. 上海：上海译文出版社.

亚历山大，2000. 社会学二十讲：二战以来的理论发展［M］. 贾春增，董天民，等译. 北京：华夏出版社.

阎云翔，2000. 礼物的流动：一个中国村庄中的互惠原则与社会网络［M］. 李放春，刘瑜，译. 上海：上海人民出版社.

阎云翔，2006. 私人生活的变革：一个中国村庄里的爱情、家庭与亲密关系：1949—1999［M］. 龚小夏，译. 上海：上海书店出版社.

伊格尔顿，2006. 文化的观念［M］. 方杰，译. 南京：南京大学出版社.

英格利斯，2008. 文化［M］. 韩启群，张鲁宁，樊淑英，译. 南京：南京大学出版社.

袁汝仪，2010. 哈佛魔法：从 Do Harvard 到 Do World 的哈佛人领袖性教育民族志［M］. 台北：远流出版事业股份有限公司.

袁同凯，2004. 走进竹篱教室：土瑶学校教育的民族志研究［M］. 天津：

天津人民出版社.

张慧真, 2009. 教育与族群认同：贵州石门坎苗族的个案研究（1900—1949）[M]. 北京：民族出版社.

张静, 2018. 案例分析的目标：从故事到知识 [J]. 中国社会科学（8）：126-142.

张静, 2021. 结构分析落伍了吗？：基于经验现象的研究推进 [J]. 社会学评论（1）：5-17.

赵旭东, 2003. 权力与公正：乡土社会的纠纷解决与权威多元 [M]. 天津：天津古籍出版社.

赵旭东, 2009. 文化的表达：人类学的视野 [M]. 北京：中国人民大学出版社.

庄孔韶, 2004. 人类学通论：修订版 [M]. 太原：山西教育出版社.

庄孔韶, 2006. 人类学概论 [M]. 北京：中国人民大学出版社.

庄孔韶, 2016. 银翅·中国的地方社会与文化变迁 [M]. 增订本. 北京：生活·读书·新知三联书店.

二、英文文献

ATKINSON P, DELAMONT S, COFFEY A, et al., 2007. Handbook of ethnography [M]. London：Sage Publications.

BAUMAN Z, 2010. Hermeneutics and social science：approaches to understanding [M]. London：Taylor & Francis.

BURAWOY M, 2009. The extended case method：four countries, four decades, four great transformations, and one theoretical tradition [M]. Berkeley：University of California Press.

CHAMBLISS D F, SCHUTT R K, 2015. Making sense of the social world：

methods of investigation [M]. 5th ed. Thousand Oaks: Sage Publications.

CLIFFORD J, MARCUS G E, 1986. Writing culture: the poetic and politics of ethnography [M]. Berkeley: University of California Press.

DENZIN N K, 1997. Interpretive ethnography: ethnographic practices for the 21st century [M]. London: Sage Publications.

ERIKSEN T H, NIELSEN F S, 2001. A history of anthropology [M]. London: Pluto Press.

FIRTH R, 1957. Man and culture: an evaluation of the work of Bronislaw Malinowski [M]. London: Routledge & Kegan Paul Limited.

HARRIS M, 1998. Theories of culture in postmodern times [M]. Walnut Creek: AltaMira Press.

HEADLAND T N, PIKE K, HARRIS M, 1990. Emics and etics: the insider/outsider debate [M]. Newbury Park, CA: Sage Publications.

HOLLIS M, 1994. The philosophy of social science: an introduction [M]. Cambridge: Cambridge University Press.

KIMBALL S T, WATSON J B, 1972. Crossing cultural boundaries: the anthropological experience [M]. San Francisco: Chandler Publishing Company.

KUPER A, 1999. Culture: the anthropologists' account [M]. Cambridge: Harvard University Press.

MALINOWSKI B, 1929. The sexual life of savages in North-Western Melanesia [M]. New York: Eugenics Publishing Company.

MALINOWSKI B, 2005. Argonauts of the Western Pacific: an account of native enterprise and adventure in the Archipelagoes of Melanesian New Guinea [M]. London: Routledge.

MARSHALL C, ROSSMAN G B, 1989. Designing qualitative research [M].

London: Sage Publications.

MEAD M, 1939. From the South Seas: studies of adolescence and sex in primitive societies [M]. New York: William Morrow Company.

OGBU J U, 2003. Black American students in an affluent suburb: a study of academic disengagement [M]. Mahwah: Lawrence Erlbaum.

OUTHWAITE W, 1987. New philosophies of social science: realism, hermeneutics and critical theory [M]. London: Macmillan Education.

RABINOW P, SULLIVAN W M, 1979. Interpretive social science: a reader [M]. Berkeley: University of California Press.

SPINDLER G D, 1970. Being an anthropologist: fieldwork in eleven cultures [M]. New York: Holt, Rinehart and Winston.

SPINDLER G D, 1997. Education and cultural process: anthropological approaches [M]. 3rd ed. Prospect Heights, Illinois: Waveland Press.

STOCKING G W, 1983. Observers observed: essays on ethnographic fieldwork [C]. Madison: University of Wisconsin Press.

THOMAS J, 1993. Doing critical ethnography [M]. Newbury Park: Sage Publications.

民族志研究与田野工作紧密相连，为深入理解行动者、社会过程和机制、社群文化意义提供了可能。民族志是探究、表征与构建社会现实的最重要的方式之一。众所周知，多数人类学家对田野工作和民族志方法论持有一种精英主义的观念，他们羞于谈论具体的田野工作方法，也较少谈论他们组织民族志材料搭建理论框架的过程。简而言之，他们认为做人类学需要一种天赋，而谈论方法只是一种卖弄雕虫小技的肤浅表现。这种精英主义意识形态在一定程度上阻滞了民族志向精致化方向发展。我希望能尽我所能地梳理出田野工作和民族志的理论脉络，以供读者参考和进一步探索创新。

在撰写书稿时，我参考和借鉴了有关民族志研究的许多著作与理论观点，我的一些理论思考正是得益于既有研究的激发与启迪。因此，我要向我征引案例、观点的那些作者表示深深的敬意与感谢。在撰写书稿中，我较为频繁地引用了哲学和社会科学，尤其是人类学界前辈学者的著述，这是因为我相信民族志的开创者和先行者往往对民族志的探索较为全面且深刻；相反，后辈学者可能擅长对民族志细枝末节做引申和延展，而对根本问题可能把握不足。我将自己的一些田野工作经历、研究论文作为案例分享和剖析，并非因为它们与众不同或出类拔萃，而主要因为这些是我自己亲历的，我对它们有着较深的体悟。

感谢教育科学出版社组织和出版这套方法论丛书。感谢滕星教授推荐我参与质性研究方法锦囊项目小组，感谢丛书主编陈向明教授的学术指导，使我有机会参与其中，深入学习和反思人类学的田野工作和民族志研究。教育科学出版社学术著作编辑部主任翁绮睿副编审为丛书的出版做出了大量细致、辛苦的工作，在我撰写书稿和修订书稿中发挥了督促和提升的作用。同样要感谢教育科学出版社程瑞编辑在本书编辑过程中做出的大量细致、辛苦的工作。感谢王富伟、杨帆及丛书其他作者对本书框架的批评与建议。

我要由衷地感谢邓艳红教授、滕星教授、赵旭东教授长期以来给予我的指导和学术鞭策！感谢在撰写此书不同阶段给予我支持和帮助的各位师友，他们是巴战龙、刘忠魏、章光洁、李伟东、刘谦、海路、马威、余华、李洋、刘阳、李晓壮、赵小平、白美妃、侯海凤、刘雪菊、黄宁宁。巴战龙在我写作本书的各个阶段都给予了我重要的精神和智力支持，他在内容选取、关键术语、文字润色等方面都提出了建设性意见。感谢台湾联合百科电子出版有限公司及北京的段誉女士为我传递了人类学家李亦园先生的论文。感谢黄淑艺从台湾为我购回了社会科学方法论书籍。

感谢好友王国祥（Gordon Wang）和邱亦欣（Yishin Khoo）帮助我从美国、加拿大寻找并寄送民族志研究资料。也要感谢我的女儿金宝，她在 2020 年至 2022 年经常陪我一起打羽毛球和散步，使我在集中写作过程中能保持一种康健的状态并始终充满乐趣。这部著作要特别敬献给我的母亲施秀华女士和父亲陈克昌先生，是他们教给我勤勉向上而又淡泊平和的学习和生活态度。

民族志从精英形态走向学术性公共讨论，需要一个集腋成裘、聚沙成塔的过程。我秉持一种一丝不苟和寻根问底的态度从事这项研究与写作，希望能为这项学术工程贡献自己的绵薄之力。但是，囿于笔者田野工作经验及理论思考深度，本书必有诸多疏漏与不足。如读者发现文中存在错误、有待商榷以及可补充完善之处，敬请发送电子邮件至 chenxuejin1210@ 126. com，惠赐批评和建议，以期日后改正和提高。

陈学金
2022 年 12 月于海淀海悦梧桐苑自强斋

出　版　人　郑豪杰
责任编辑　翁绮睿
版式设计　孙欢欢
责任校对　贾静芳
责任印制　米　扬

图书在版编目(CIP)数据

如何做民族志研究 / 陈学金著 . —北京：教育科
学出版社，2023.9(2024.11 重印)
（质性研究方法锦囊丛书 / 陈向明主编）
ISBN 978-7-5191-3555-3

Ⅰ. 如…　Ⅱ.①陈…　Ⅲ. ①民族志—研究
Ⅳ.①K18

中国国家版本馆 CIP 数据核字(2023)第 161933 号

质性研究方法锦囊丛书

如何做民族志研究
RUHE ZUO MINZUZHI YANJIU

出 版 发 行	教育科学出版社				
社　　　址	北京·朝阳区安慧北里安园甲 9 号		邮　　编	100101	
总编室电话	010-64981290		编辑部电话	010-64981280	
出版部电话	010-64989487		市场部电话	010-64989009	
传　　真	010-64891796		网　　址	http://www.esph.com.cn	
经　　销	各地新华书店				
制　　作	北京金奥都图文制作中心				
印　　刷	唐山玺诚印务有限公司				
开　　本	850 毫米×1168 毫米　1/32		版　　次	2023 年 9 月第 1 版	
印　　张	8.625		印　　次	2024 年 11 月第 2 次印刷	
字　　数	200 千		定　　价	50.00 元	